空中乘务专业系列教材

客舱设施与服务

（第3版）

刘佳颖　主　编
邓雪梅　副主编

西南交通大学出版社
·成　都·

图书在版编目（CIP）数据

客舱设施与服务 / 刘佳颖主编. —3 版. —成都：西南交通大学出版社，2023.8
ISBN 978-7-5643-9409-7

Ⅰ. ①客… Ⅱ. ①刘… Ⅲ. ①民航运输 – 旅客运输 – 商业服务 – 高等职业教育 – 教材 Ⅳ. ①F560.9

中国国家版本馆 CIP 数据核字（2023）第 140732 号

Kecang Sheshi yu Fuwu
客舱设施与服务
（第 3 版）
刘佳颖 主编

责任编辑	周 杨
封面设计	吴 兵
出版发行	西南交通大学出版社 （四川省成都市金牛区二环路北一段 111 号 西南交通大学创新大厦 21 楼）
发行部电话	028-87600564 87600533
邮政编码	610031
网 址	http://www.xnjdcbs.com
印 刷	四川煤田地质制图印务有限责任公司
成品尺寸	170 mm × 230 mm
印 张	11.25
字 数	181 千
版 次	2013 年 1 月第 1 版 2016 年 2 月第 2 版 2023 年 8 月第 3 版
印 次	2023 年 8 月第 7 次
书 号	ISBN 978-7-5643-9409-7
定 价	42.00 元

课件咨询电话：028-81435775

第 3 版前言

《客舱设施与服务》第二版于 2016 年 2 月正式出版以来，已经使用了七年时间，本人在第二版使用的基础上，结合近几年的实际教学工作需求及最新行业文件规定，对教材进行了第三次修订。此次修订在保留了原书的基本框架的基础上，进行了内容修订、细节优化和章节增补等修订工作。

此次修订的内容主要包括以下几个部分：第一，对第二章民航客机的设备及使用相关部分的内容和图片进行调整和更新；第二，依据最新民航相关文件，对第三章的章节内容进行了修订、规范和归类。第三，重新整理和细化了第三章第四节乘务工作四个阶段的内容，让乘务工作标准程序与号位职责所涉及的各项工作细节尽可能地保持一致，让学生能够更加清晰地理解实操教学内容的理论知识；第四，为了进一步满足民航高质量发展的实际需求，提升客舱服务质量，践行真情服务理念，将原第五章节的客舱服务沟通技巧重新编写为客舱服务与人际沟通，让学生能够深入学习人际沟通技巧，更充分地理解有效的沟通对客舱服务工作的重要作用和意义。

由于作者水平所限，难免会有疏漏或错误，诚挚地欢迎读者批评与指正！

刘佳颖

2023 年 5 月

第 2 版前言

《客舱设施与服务》教材于 2013 年 1 月正式出版以来，已经使用了三年时间，本人在第一版的使用基础上，结合近几年的实际教学工作和最新研究成果对教材进行了修订。此次修订在保留了原书的基本框架的基础上，进行了内容修改、细节优化和章节增补的修订工作。

此次修订的内容主要包括以下几个部分：第一，对第二章民航客机的设备及使用相关部分进行了内容顺序的调整，使其更加整体，更方便于模块化教学；第二，在第三章第四节乘务工作四个阶段，增加了英文版的乘务工作四个阶段的工作程序内容，以配合双语教学的课程需求；第三，第四章特殊旅客服务章节部分，作者根据航空公司的最新业务规定，对相应内容进行了修改和分类细化；第四，为了适应行业的用人需求，在基础专业课程内容之后增加了一个章节——客舱服务管理与提升，作为理论与实际相结合的一个部分，对课程内容进行总结和提升。

由于作者水平所限，难免会有疏漏或错误，诚挚地欢迎读者批评与指正！

刘佳颖

2015 年 12 月

第 1 版前言

随着我国航空事业的飞速发展，对空乘人员的需求也在不断增加，尤其是对具备专业知识的可持续发展的空乘人才，所以，本门课程更加注重理论知识与实际操作相结合的教学手段。从内容上看，本书主要针对我院空乘专业学生全面了解客舱内部设施设备、相应操作及使用方法、乘务工作的具体流程、乘务员职责、客舱服务规范等而设计，要求学生通过理论知识的学习和实际技能的操作达到客舱乘务员的技能要求。教学内容以两种常用机型——空客 A320 及波音 737-800 型客机为知识主体，引用了大量的图片资料，使教学更直观、易懂、易学。本书既有理论部分的阐述，又有实际操作的内容，能让学生进行对比学习。从结构上看，本书将教学内容进行合理分类，通过不同的模块，体现循序渐进、不断提升的引导性，让学生先了解客舱内部设施设备，再学习乘务员号位职责和乘务工作的四个阶段，最后通过特殊旅客服务、案例分析和沟通技巧将乘务工作的各个环节、知识点合理地结合在一起。在编写过程中，由于编写人员经验有限，难免会出现遗漏和疏忽，敬请读者加以指正。

编　者

2012 年 10 月

目　　录

第一章 民航乘务员职业道德守则

一、遵纪守法，诚实守信

我国是法治国家，遵循着依法治国的原则。遵纪守法是每个公民都应当履行的基本义务。现代社会要求每个公民都应学法、懂法、守法、护法，我们的一切活动都应纳入法律的轨道，这是保证社会稳定发展的前提条件。对于每一个从业人员来说，遵纪守法主要指的是要遵守职业纪律和与职业活动相关的法律法规。作为一名民航乘务员，不仅要严格遵守本国的法律法规，更要熟知飞行目的地国家的法律、法规，遵守当地的海关、检疫规定。

诚实守信是一种道德品质和道德信念，也是每个公民的道德责任，更是一种崇高的“人格力量”。对于一个企业和团体来说，它是一种“形象”，一种“品牌”，一种“信誉”，一个使企业兴旺发达的基础，是公司和员工精神品质的基本原则。民航乘务员应讲求诚信、践行诚信，诚信对乘客、诚信对同事、诚信对国家、诚信对社会，工作中勇于负责、严于自律、忠于职守、热情服务，以高度的责任感对待岗位职责，维护公司利益。民航乘务员还应培养并树立诚信、正直的道德价值观，以诚信为立身之本，以诚信为基本职业行为原则，在工作中体现诚信品质，传递诚信信息。作为一名民航乘务员，诚实守信的具体要求包括以下三点。

1. 忠诚所属的航空公司

应该明确自身的发展与成长和自己所在航空公司的培养是分不开的，要把公司的兴衰、成败与自己的发展结合起来。具体地说，应该表现为诚实劳动，真诚付出，不可以出工不出力，甚至态度恶劣，不顾公司形象，提供恶劣服务。同时，要关心本企业的发展，积极思考问题，主动参与管理，提出合理化建议。要关注对新人的培养，使企业有更多的人才可用。

2. 自觉维护航空公司的形象

信誉是企业形象的重要方面，在客户中确立良好的信誉会给企业带来巨大的效益，世界许多知名公司的成功都得益于此。运输服务是航空企业所提供的主要产品，空中服务的水平又是反映一个航空公司质量的重要窗口，在为乘客提供服务时应心怀大局，主动弥补服务链条中的不足，摒弃本位主义，主动宣传公司的服务理念、服务宗旨、服务产品，保守企业秘密，时刻不忘为公司树立良好的企业形象。

3. 诚信于乘客

在为乘客提供服务的过程中，应以诚信为本，如实告知乘客相关信息。如航班不正常时，保持与乘客的有效沟通是非常重要的。得不到信息比延误本身更让乘客感到心烦，乘务员应在得到信息的第一时间如实告知乘客，延误时间比较长时，至少每隔30分钟告知乘客延误信息。

二、爱岗敬业，忠于职守

爱岗敬业作为一种职业道德规范，是一个社会历史范畴，随着社会的不断进步，其内涵逐渐丰富，调节范围不断扩展，具体要求也在不断充实。在社会主义市场经济条件下，爱岗敬业的具体要求有以下两点。

1. 树立职业理想

初层次的职业理想首先是为了维护自己和家庭的生活，出于对某种职业的喜好和兴趣并希望通过特定的职业施展个人的才能是属于中间层次的职业理想，而高层次的职业理想是向往承担更多的社会义务，通过社会分工把自己的职业同为社会、为他人服务连接起来。当然，对于同一个人，其工作目的完全可以是谋求生存、发展个性和承担义务三者共存的，并不相悖。但是，人们的职业理想越高就越能发挥自己的主观能动性，对社会的贡献也就会越大。

2. 强化职业责任

职业责任是指人们在一定职业活动中所承担的特定职责，它包括人们应该做的一些工作以及应该承担的义务。职业责任是职业活动的最重要的目标，它规定和影响着职业道德。人们的职业道德主要是从职业责任中引申出来的，因为职业责任明确规定了人们对企业和社会所承担的责任和义务。在职业活动中，当涉及人们以什么态度并如何对待和履行自己的责任时，就使职业责任具有了道德意义，成为职业道德责任。民航乘务员的工作领域也会随着职业生涯的发展不断扩展，从航班的具体实施工作到人员管理、业务管理、员工培训以及职业技能鉴定工作等。那么，无论在什么岗位都要具备强烈的职业责任感，忠实对待、圆满完成。

三、保证安全，优质服务

保证安全、优质服务是对乘务工作的基本要求，也是民航乘务员职业道德要求的具体内容。安全与服务之间不是矛盾的，而是一个问题的两个方面。保证安全是提供优质服务的前提，而优质服务也包括乘客在接受服务过程中的安全体检。保证安全、提供优质服务应做到以下四点。

1. 树立安全意识和服务意识

民航乘务员在万米高空密封增压的飞行器中实施客舱服务工作，特殊的环境要求民航乘务员必须具有职业责任心，树立强烈的安全意识，而且这种安全意识必须贯穿在整个客舱服务过程中。民航乘务员在繁多的服务程序实施过程中应当忙而不乱，有条不紊，及时发现安全隐患，确保客舱安全。检查和保护客舱应急设施，清理疏通安全通道，严格检查客舱服务用品、器具摆放位置，密切注意旅客动向，维持航空器秩序、乘务员规范服务动作和正确操作服务设备等都是确保客舱安全的重点内容。

民航乘务员要树立和培养自己的安全意识和服务意识，只有养成多为他人着想、为他人提供方便的服务意识，才能在工作中成为一名合格的民航乘务员。

2. 掌握安全规章和服务标准

民航乘务员要全面掌握相关安全管理规章。安全生产的规章制度是实施安全管理的基础，是指导客舱安全管理的基本依据，民航乘务员要加强规章制度学习，为客舱安全管理打好坚实的基础。对各类服务标准的掌握是能否为乘客提供优质服务的前提条件之一。各类服务标准是基于长期实践经验、充分调研乘客需求后制定的，是民航乘务员集体智慧的结晶。严格执行、不断完善服务标准是民航乘务员道德的基本要求之一。

3. 提高安全技能和服务技能

必要的工作技能是安全生产的重要保证。无论是应急设备的使用方法、应急知识和应急事件的处理，还是应急撤离的程序等技能，都关系到乘客生命和航空器的安全。技能的提高依赖于不断的实践和平时的刻苦训练。

4. 坚持安全和服务统一的原则

坚持原则是确保客舱安全的基本要求，特别是对于各级乘务长来讲，在纷繁复杂的客舱生产管理中，要保持一份冷静，善于平衡各种矛盾，正确把握安全与服务的关系，与相关部门搞好协作配合，正确贯彻、严格执行安全指令，在关键时刻做出正确的判断和决策，从而实现客舱安全、航班正点、优质服务的统一。

四、钻研业务，提高技能

职业技能也称为职业能力，是人们进行职业活动、履行职业技能的能力和手段，它包括从业人员的实际操作能力、业务处理能力、技术技能以及与职业有关的理论知识的掌握水平等。应该看到，我国航空服务业与国外很多航空公司在服务理念、培训方式、管理流程、专业技能方面存在着差异。不断提高个人的职业技能并积极推进整体从业人员技能的提升是我们每一位乘务员的责任和使命，也是履行职业责任、实现职业理想的具体体现。

勤于钻研是民航乘务员职业道德要求的一个重要方面。我国的民航业方兴未艾，市场发展速度空前，民航乘务员只有不断丰富自己、提高自己才能适应行业的发展。在业务上，一方面应不断拓展自己的知识面，博学多闻，以此来提升服务的品质和应对特殊问题、特殊情况的能力；另一方面要注意知识的深化和细化，不能仅仅限于一般性的了解。

民航乘务员要有勤于思考、勇于创新的精神。创新是指人们为了发展的需要，运用已知的信息，不断突破常规，发现或产生某种新颖、独特的有社会价值或个人价值的新事物、新思想的活动。乘务工作的创新不仅要有服务技能创新，更主要的是服务理念的创新。

五、团结友爱，协作配合

团结友爱、互相协作配合，有利于营造和谐的工作氛围，增强团结的凝聚力。要遵循团结友爱、协作配合的职业道德规范，必须做到平等尊重、顾全大局、互相学习、加强协作。

平等尊重包括上下级之间的平等尊重，同事之间的平等尊重，师徒之间的平等尊重，与服务对象之间的平等尊重，等等。人与人之间的相互尊重能够拉近人们之间的距离，沟通人们的感情，从而产生巨大的凝聚力；相反，不尊重他人就很难与他人进行良好的合作共事，甚至办不成任何事情。

顾全大局是指在处理个人和集体利益的关系上，要树立全局观念，不计较个人利益，自觉服从整体利益的需要，这是团结互助道德规范的一项重要内容。因此，民航乘务员在工作中必须识大体、顾大局，正确处理个人与个人、个人与集体、局部与整体之间的关系。

空乘这个团队，有管理者（如乘务长）、被管理者（如若干名乘务员）和协作者（如安全员和兼职安全员）。这个团队协作的最大难度就在于每天的组员都不一样，有很多都是第一次协作，对于乘务长来说这就很难分工，只能凭借员工的资历和经验来看。在直接准备阶段和实际空中服务工作中，乘务长必须及时了解组员的工作情况，以便及时给予调整和管理，做到预先发现问题，预防问题发生，第一时间解决问题。因此，乘务长在巡视客舱中很重要的一条就是监督组员工作。在航班结束后，讲评会是一项非常重要的工作，一天的团队合作的结果就要在这个时候给予合理的评价和总结，这里面包括了对于不合理之处的意见和对优秀之处的表扬，让大家理解团队精神的核心是奉献，奉献成为激发团队成员的工作动力，团队精神的精髓是承诺，团队成员共同承担集体责任。没有管理，团队就如同一盘散沙；有了合理实时的管理，团队就会齐心协力，成为一个强有力的集体。

现代社会发展对人际交流与合作的要求大大提高，人们的生产和工作方式将趋向集团化，而不再是分散的方式。个人不可能孤立地工作，而是要与人交流与合作。从发展的观念看，没有形成团队协作，就不可能获得成功。

团队精神日益成为一个重要的因素，它要求乘务组分工合理，将每个组员放在适合的岗位上，使其能够最大限度地发挥自己的才能，具体来说包括以下几点。

（1）明确提出工作目标。目标是把人们凝聚在一起的力量，鼓舞人们团结奋斗。目标不能过高过空，应根据组员的不同资历和经验做相应的工作安排。

（2）建立管理制度。管理工作使人们的行为制度化、规范化。如果缺乏有效的制度，就无法形成纪律严明、作风硬朗的团队。

（3）良好的沟通环境。有效的沟通能及时消除和化解乘务长和乘务员之间、各组员之间的分歧、矛盾。

（4）尊重每一个人。应尊重团队中的每一个人，使人人都感受到团队的温馨。关心组员的工作与生活，将会极大激发组员做好工作的决心。

（5）引导参与管理。每个组员都有参与管理的欲望，应正确引导和鼓励这种愿望，使他们为更好地完成航班任务而出谋划策，贡献自己的力量与智慧。

（6）树立全局观念。不能斤斤计较个人利益和局部利益，应将个人、集体的追求融入团队的总体目标中去，最终达到团队的最佳整体效益。

乘务长和每位组员的关系，一定要做到风雨同行、同舟共济。没有团队合作的精神，仅凭一个人的力量无论如何也达不到理想的工作效果。只有通过集体的力量，充分发挥团队精神，才能使客舱服务工作做得更出色。

第二章　民航客机的设备及使用

第一节　机型简介

一、空客系列机型介绍

空中客车公司（Airbus，又称空中巴士）是欧洲的一家飞机制造公司，1970 年成立于法国，其创立的公司来自的国家包括德国、法国、西班牙与英国。空中客车公司由欧洲两个最大的军火供应制造商——欧洲航空防务航天公司（占 80% 股份）和英宇航系统公司（占 20% 股份）共同拥有。空客公司秉承倾听和满足客户需要的经营理念，公司所有的新创意、新技术和新材料都是为了制造出更加舒适、有效的飞机以符合旅客期望和航空公司需求，从而使公司的市场份额不断增加。空客的企业文化以改革、创新和自由思索为基础，其组织机构在保留文化和语言的多元化的基础上确保顺畅的跨国工作形式，公司的多元文化也因此成为公司发展的主要财富。

1. 空客 A300

空客 A300 是欧洲空中客车工业公司（Airbus Industries）设计生产的一种中短程宽体客机，也是世界上第一架双发动机宽体客机，如图 2.1 所示。A300 于 1972 年投入生产，2007 年 7 月停产，共生产 561 架。

A300 飞机采用了许多竞争对手机型所没有的技术，这些技术改善了飞机的可靠性，降低了运营成本，并且为双发延程飞行（ETOPS）铺平了道路。A300 的生产后来又促使波音公司研制出了波音 767。

图 2.1　空客 A300

2. 空客 A310

空客 A310 是欧洲空中客车工业公司在空客 A300 基础上研制的 200 座级中短程双通道宽体客机。A310 机身缩短，设计了新的机翼，采用双人机组，典型两级座舱布局，标准载客量 220 人。A310 于 1978 年 7 月开始研制，1982 年 4 月 3 日首架原型机首飞。A300 和 A310 的市场表现保证了空中客车公司与波音公司的主要竞争对手地位，从而使空中客车公司进一步成功地研发了 A330/A340 系列宽体客机。

3. 空客 A318

空客 A318 是百座级客机，是空中客车 A320 家族里面最小的成员，也叫“迷你空中巴士”，在开发阶段使用的代号是“A319M5”。A318 其实是由空中客车 A319 直接衍生出来的，是 A319 的缩短型。空中客车 A318 项目是 1999 年启动的，航空公司现在能够用它在整个国内和支线市场上提供一种完美无缺的舒适性与技术性相结合的服务。在同级飞机里，A318 有最宽的客舱，即使是短途旅行也不会牺牲舒适性，而且在它连接的飞行链中没有弱的航线。

4. 空客 A319

据空中客车工业公司预测，在 1995—2011 年，世界民航运输业将需要大约 1 200 架 125 座级的中短程客机，空中客车 A319 就是为争夺这一市场而研制的中短程客机。A319 是由空中客车 A320 直接派生的缩短型。A319 项目发起于 1993 年 6 月，1995 年 8 月首飞，1996 年 4 月获型号合格证，同年 5 月交付使用。[1]

5. 空客 A320

空客 A320 系列是欧洲空中客车工业公司研制的双发中短程 150 座级客机，包括 A318、A319、A320（见图 2.2）及 A321 四种。这四种客机拥有相同的基本座舱配置，飞行员只要接受相同的飞行训练，就可驾驶以上四种不同的客机。A320 是一种真正的创新型飞机，为单过道飞机建立了一个新的标准，其内部与客舱布局如图 2.3～图 2.4 所示。接着在 A320 的基础上又发展了较大型和较小型，即 186 座的 A321 和 124 座的 A319、107 座的 A318。

图 2.2　空客 A320

图 2.3 空客 A320 内部

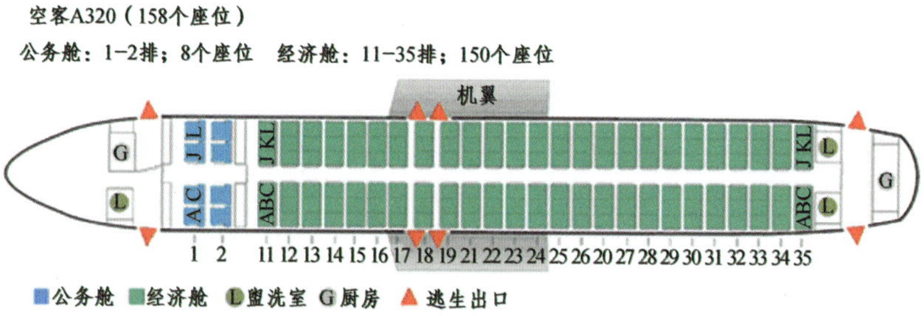

座位总数	公务舱	经济舱
158	8	150

图 2.4 空客 A320 客舱布局

A320 系列客机在设计中采用“以新制胜”的方针，使用了先进的设计和生产技术以及新的结构材料和先进的数字式机载电子设备，是世界上第一种采用电传操纵系统的亚音速民航运输机，其机翼在 A310 机翼的基础上又进行了改进。双水泡形机身截面大大提高了货舱中装运行李和集装箱的能力，其客舱舒适而宽敞，是当前最受欢迎的 150 座级的中短程客机。

空客 A320 的数据如下：

（1）增压：座舱压力是自动控制的，除头部、尾锥、起落架及空调舱外，全部为增压舱。

（2）辅助动力系统（APU）：辅助动力系统安装在飞机尾部，它是一个涡轮喷气发动机，在地面和空中都可以使用，在地面如果没有外接电源，APU 可以提供电力和引气，在空中作为发动机和气源系统的备件。它并不产生推力，只能在特殊情况下为飞机提供电源和气源。

（3）电力：电力系统为飞机提供 115V 交流电。在地面时，也可由辅助动力系统或外电力车提供电力。如果电力系统的一个或多个发电机不能工作，厨房电力会自动切断。

（4）空调和气压：正常情况下，空调和密封的引气由发动机提供，APU 也能用来提供引气。客舱温度由驾驶舱控制并保持在 18 °C ~ 30 °C，驾驶舱和客舱的温度是分开控制的。空客 A320 主要型号基本数据见表 2.1。

表 2.1　空客主要型号基本数据

型　号	A320-200	A321-100	A319	A318
翼展/m	34.09			
机长/m	37.57	44.51	33.84	31.44
机高/m	11.76			
标准两级客舱布局载客/人	150	186	124	107
货舱容积/m^3	37.42	51.76	27.64	21.21
商载/t	16.3	21.6	12.9	11.1
空机重量/t	41	47.7	40.1	38.4
最大油箱容量/L	23 860			
最大起飞总重量/t	73.5	83	64	59
最大巡航速度	0.82 马赫数			
航程/km	5 000	4 350	3 550	2 800
动力装置	两台涡扇发动机			
发动机型号	CFM 公司 CFM56-5 系列			
	IAE 公司 V2500 系列			普惠 PW6000

（5）油箱：空客 A320 的油箱由中央油箱和大翼油箱构成。分为四个组成部分：机身上的中央油箱，容量 6.4 t；大翼油箱分翼根的内油箱；中部的外油箱；翼尖的充气油箱。内油箱容量 5.5 t，外油箱容量 700 kg。充气油箱一般不装油，用作溢油和油箱通气。

6. 空客 A321

空客 A321 是空中客车工业公司研制的双发中短程客机。空中客车 A320 加长型是 A320 系列飞机中最大的机型。某些航空公司购买 A321 用以代替波音 757。飞行员的资格证书与 A318、A319 和 A320 共用。与 A320 相比，A321 增加了 24% 的座位和 40% 的空间，机翼面积略微扩大，在机翼前后各增加两个应急出口，起落架被加固。典型的两级布局可以乘坐 186 名乘客。A321 主要型号基本数据见表 2.1。

7. 空客 330/340

1）机型简介

A330 和 A340 是 Airbus 欧洲空中客车工业公司在分析世界主要航空公司 20 世纪 90 年代的需求后，于 1986 年 1 月宣布研制的两种先进双过道宽机身客机，如图 2.5 所示。除了发动机的数量和与发动机相关的系统外，这两种机型有很大的共同性，它们有 85% 的零部件可以互相通用，采用同样的机身，只是长度不同，驾驶舱、机翼、尾翼、起落架及各种系统都相同，这样可以降低研制费用。这两种机型也保留了 A300/A310 机型的高效率机身截面设计。

图 2.5　空客 A330/340

1987 年 4 月，欧洲客车工业公司决定将 A330 和 A340 两个型号作为一个计划同时上马。A330 和 A340 两个型号的研制费共计 25 亿美元（1986 年币值）。

A330 和 A340 采用了许多现代化技术，如电传操纵和多功能座舱显示装置。由于采用先进机翼、高效率发动机及大量的复合材料，减轻了飞机的重量，飞机每座公里油耗和每座直接使用成本都有较大下降。

（1）A340 型。

A340-300 评价：

A340-300 在设计研制过程中已出现许多不足之处，但为了与波音 777 竞争市场份额而仓促推出。与波音 777 相比，其卖点是四台发动机，越洋飞行可靠性较好，但在发动机性能日益提高的今天，已无明显优越性；载客量较少，适宜远程客运量少的航线。另外，货舱延续空客特点，空间较大。

A340-200/300 的最大问题是发动机推力不足，巡航速度低，造成预先设计目标无法达到，须减少载运量才能达到所需航程。发动机型号为 CFM56-5 的改进型，并未延续 CFM56-5 的先进技术和良好性能，在使用过程中，故障率较高。A340-300 在设计中有意使用一些新技术以区别波音飞机，但效果并不好，而且使用中问题颇多。

空客公司从 20 世纪 70 年代初即开始远程客机的研制，初定名 A300B9。80 年代重新开始该计划，新机定名为 TA9，TA 即双通道的英文缩写，1986 年改名为 A330，1987 年开始制造。

（2）A330-300 型（见图 2.6）。

图 2.6　港龙航空 A330-300

A330-300是空客公司A330/A340家族中载客量最大的一种型号，与A340-300型相比，机身相同，但发动机仅有两台，与发动机相关的系统也有所不同，航程较短。1987年11月2日首飞，1994年6月2日获欧、美适航证书。

（3）A330-200型。

A330-200是A330的远程、短机身型，这种机型的推出使空客公司的大型双发客机销售情况大为改观。A330-200型较300型机身短5.3米，尾翼加大，加强了机翼结构。

2）基本数据（见表2.2和表2.3）

表2.2　空客A330系列基本数据

项　目	A330-200	A330-300
翼展/m	60.3	60.3
机长/m	59	63.6
机高/m	17.9	17.9
标准两级客舱布局载客/人	293	335
货舱容积/m^3	136	162.8
空机重量/t	120.5	124.5
商载/t	36.4	45.9
最大油箱容量/L	139 090	97 530
最大起飞总重量/t	230	230
航程/km	11 850	10 400
动力装置	两台涡扇发动机	
发动机型号	普惠公司PW4000系列	
	罗尔斯-罗伊斯公司遄达700系列	
	通用电气公司CF6-80系列	

表 2.3　空客 A340 系列基本数据

项　目	A340-200	A340-300	A340-500	A340-600
翼展/m	60.3	60.3	63.5	63.5
机长/m	59.4	63.6	67.9	75.3
机高/m	16.7	16.7	17.1	17.3
客舱布局载客/人	261	295	313	380（标准三级）
货舱容积/m^3	100.2	162.8	153.6	207.9
空机重量/t	129	129	170	177
商载/t	30.8	43.5	43.3	55.6
最大油箱容量/L	155 040	141 500	214 810	194 880
最大起飞总重量/t	275	275	365	365
航程/km	14 800	13 500	16 050	13 900
动力装置	四台涡轮风扇发动机			
发动机型号	CFM 公司 CFM56-5 系列用于 A340-200/A340-300			
	罗尔斯·罗伊斯公司遄达 500 系列用于 A340-500/A340-600			

8. 空客 A350

空客 A350（见图 2.7）是欧洲空中客车公司研制的双发远程宽体客机，是空中客车的新世代中大型中至超长程用宽体客机系列，以取代较早期推出的空客 A330 及 A340 系列机种。A350 是在空客 A330 的基础上进行改进的，主要是为了增加航程和降低运营成本，同时也是为了与全新设计的波音 787 进行竞争，基本数据见表 2.4。

图 2.7　空客 A350

表 2.4　空客 A350 基本数据

项　目	A350-800	A350-900	A350-1000
机师数/人	2		
座位数/座	276（最大）	315（最大）	369（最大）
长度/m	60.54	66.8	73.78
翼展（几何体）/m	64.75		
机翼面积/m^2	440（4 740 ft^2）		
后掠翼	35°		
高度/m	17.05		17.08
机身直径/m	5.96		
货运载酬/ft^3	136.6	172.4	208.2
最大起飞重量/t	248	268	308
最大降落重量/t	190 或 193	205	233
满载航距/km	15 300	14 350	14 800
最大燃油量/公升	138 000	138 000	156 000
实用升限/ft	43 000（13 100 m）		

9. 空客 A380（见图 2.8 和图 2.9）

（a）

（b）

图 2.8　空客 A380

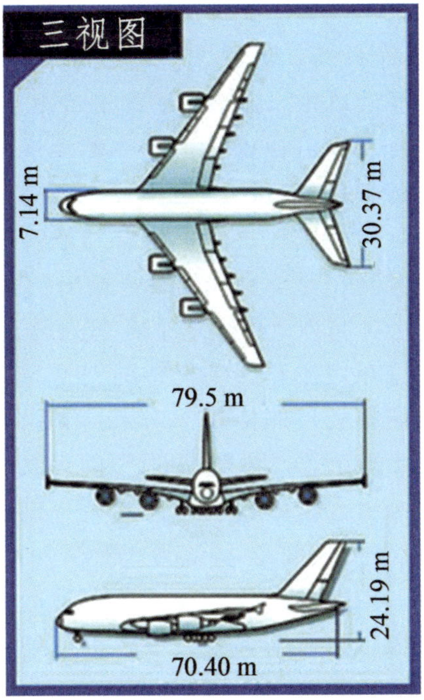

图 2.9　空客 A380 三视图

空中客车 A380（Airbus A380）是欧洲空中客车工业公司研制生产的四发 550 座级超大型远程宽体客机，投产时也是全球载客量最大的客机，有“空中巨无霸”之称。2010 年 8 月 1 日，中国首条 A380 定期航线正式启用。2011 年 10 月 17 日，A380 飞机正式执行第一批载客飞行任务，首飞北京—广州—北京航线。2012 年 3 月 1 日，南航第三架 A380 平稳降落在北京首都国际机场，并于 3 月 2 日正式投入运营北京—香港航线。

空中客车 A380 的全机身长度双层客舱与四台发动机成为最易辨认的独特外形。空中客车 A380 在单机旅客运力上有无可匹敌的优势，在典型三舱等（头等舱—商务舱—经济舱）布局下可承载 525 名乘客。空中客车 A380 飞机被空中客车公司视为其 21 世纪的“旗舰”产品。A380 在投入服务后，打破了波音 747 在远程超大型宽体客机领域统领 35 年的纪录，结束了波音 747 在市场上 30 年的垄断地位，成为载客量最大的民用客机（载重量最大的飞机仍是军用的安东诺夫的 An-225 梦想式运输机）。

空中客车 A380 采用了更多的复合材料，改进了气动性能，使用了新一代的发动机和先进的机翼、起落架，减轻了飞机的重量，减少了油耗和排放，座公里油耗及二氧化碳排放更低。A380 降低了营运成本，飞机机舱内的环境更接近自然。客机起飞时的噪声比当前噪声控制标准（ICAO）规定的标准要低得多。A380 是首架每乘客（座）/百公里油耗不到 3 公升的远程飞机（这一比例相当于一辆经济型家用汽车的油耗）。

一直以来，大型远程民用运输机市场被波音公司的波音 747 系列所垄断，空中客车公司虽然在其他机型上都有与波音公司竞争的机型，但只有在这个市场上一直是一个空白，虽然曾推出空中客车 A340，但仍然不能撼动波音 747 的绝对优势地位。空中客车公司开发 500 ~ 800 座级大型民航运输机，意在抢夺由波音 747 把持的大型客机市场。空中客车公司提出了对未来民用航空发展的推断：未来世界民航运输机发展将继续向大型化发展，并以此提出了“枢纽/辐射”的理念，即旅客通过支线航班汇聚到枢纽机场，再由大型运输机运送到另一枢纽机场，最后再乘坐支线客机到达目的地。空中客车公司认为，改善 21 世纪空中交通拥挤的最好办法是增加运力。空中客车公司推出超大型运输机计划项目曾引起不少人担忧，而空中客车公司则认为大型客机市场前景十分乐观，同时为了完善空中客车的客机系列，占据更有利的地位与波音公司竞争，值得承担巨大的商业风险。

表 2.5　空中客车 A380-800 基本数据

项　目	参　数
尺　寸	长度 73 m、翼展 79.8 m、高度 24.1 m 机翼面积 845 m^2 机舱宽度（中层）6.58 m（21ft 7in）、（上层）5.92 m（19ft 5in）
重　量	空机重量 280 000 kg（617 300 磅） 最大起飞重量 560 000 kg（1 235 000 磅）
客　运	载客 525 人（3 级客舱布局）、644 人（2 级客舱布局）、853 人（1 级客舱布局）
动　力	4 台涡轮风扇喷气式发动机　罗尔斯-罗伊斯公司 Trent900 或发动机联盟 GP7200 最大燃油容量 310 000 L（81 890 US gal）
性　能	巡航速度 0.85 马赫（约 902 km/h）约 551 mile/h 最高巡航速度 0.89 马赫（约 945 km/h）约 587 mile/h 飞行距离 15 100 km（9 383 mile） 飞行高度 13 100 m（43 000 ft） 空载降落滑行距离 2 000 m

二、波音系列机型介绍

波音公司是全球航空航天业的领袖公司，也是世界上最大的民用和军用飞机制造商。此外，波音公司设计并制造旋翼飞机、电子和防御系统、导弹、卫星、发射装置，以及先进的信息和通信系统。作为美国国家航空航天局的主要服务提供商，波音公司运营着航天飞机和国际空间站。波音公司还提供众多军用和民用航线支持服务，其客户分布在全球 90 多个国家。就销售额而言，波音公司是美国最大的出口商之一。

1. 波音 707

波音 707 是美国波音公司研制的四发远程喷气运输机，原型机于 1954 年 7 月 15 日首飞，最初的型号是为美国空军研制的 KC-135 空中加油机，经美国空军同意，公司于 1957 年在 KC-135 的基础上研制成功波音 707 民用客机，并于 1958 年交付使用。波音 707 主要机型有

707-120/-220/-320 和-420 等，中国民航就曾购买 10 架 320C，它还被改装成特种飞机。波音 707 共获订货 1 010 架，生产线于 1991 年关闭，1992 年 5 月交付最后一架军用型飞机。

2. 波音 717

波音 717 是专为短程客运市场而设计的，适合日益发展的支线航空市场。波音 717 在外观上保留了麦道飞机 T 型尾翼和后部装发动机的特点，继承了麦道飞机机体坚固耐用的特点，并在设计上作了较大的改进，达到了降低成本、提高可靠性的目的。

3. 波音 727

波音 727 是美国波音公司研制生产的中短程民航飞机，是世界上首款投入商业运营的三发喷气民航飞机。在被波音 737 取代以前，波音 727 是世界上最受欢迎的民航飞机。

4. 波音 737

波音 737 系列飞机是波音公司生产的双发（动机）中短程运输机，被称为世界航空史上最成功的民航客机，也是民航业最大的飞机家族。波音 737 系列的所有机型已获得 6 000 多份订单，在民用航空史上，其他任何机型都未曾在销量方面获得如此巨大的成功。在获得德国汉莎航空公司 10 架启动订单后，波音 737 飞机于 1964 年 5 月开始研制，采用波音 707/727 的机头和机身横截面，1967 年 4 月原型机试飞，12 月取得适航证，1968 年 2 月投入航线运营。

波音 737-800 是波音 737NG 的其中一员，新一代波音 737NG（波音 737-600/-700/-800/-900 系列飞机）是波音 737 系列飞机的改进型。波音 737-600/-700/-800/-900 机翼的设计采用新的先进技术，不但增加了载油量，而且提高了效率，这些都有利于延长航程，具有可靠、简洁且极具运营和维护成本经济性的特点。驾驶舱的仪表板上采用了新型的大型显示屏。波音 737-800 机型可以选择加装翼尖小翼。

波音 737-800 是波音 737-700 的机身延长型号，直接替代了波音 737-400。波音 737-800 可以载客 162～189 人：在两等级机舱配置下，可载 162 人；全为经济客位配置下，载客量可达 189 人。波音 737-800 的续航距离为 5 665 km（3 060 nmile），客舱布局如图 2.10 所示。

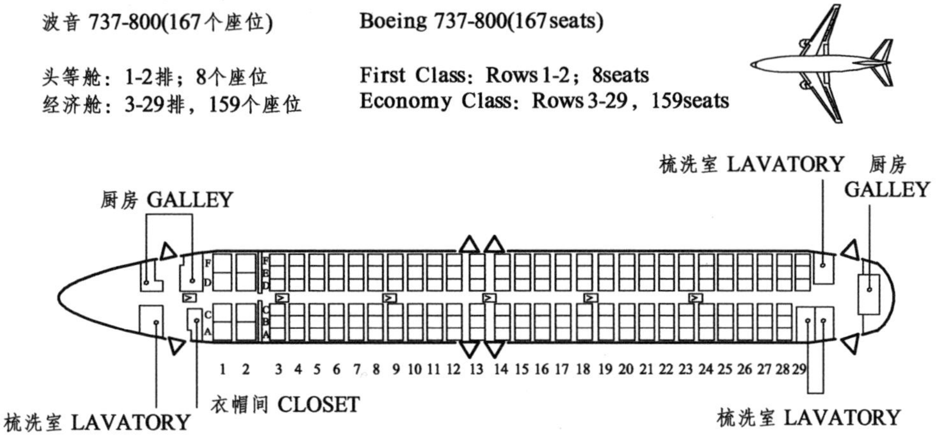

图 2.10　波音 737-800 客舱布局

机身长度：39.5 m。

翼展（不带翼梢小翼）：34.3 m。

翼展（带翼梢小翼）：35.7 m。

高度：12.5 m。

客舱宽度：3.53 m。

座位数：（典型两级客舱布局）162 人。

座位数：（典型单级客舱布局）189 人。

空重：41 413 kg。

最大起飞重量：70 500 kg。

最大着陆重量：66 361 kg。

最大载油量：26 020 L。

航程：5 665 km（3 060 nmile）。

5. 波音 757

波音 757 飞机是波音公司生产的双发（动机）窄体中远程运输机，于 1979 年 3 月开始研制，它与同期研制的波音 767 在设计、制造和操作方面具有互换性。1982 年 2 月，第一架波音 757 飞机首飞；同年 12 月取得适航证，投入航线运营；1986 年 12 月获准双发延程飞行。可是，随着销售量于 20 世纪 90 年代末开始的下跌，最终导致波音 757 于 2005 年 11 月 28 日停产。

6. 波音 767

波音 767 飞机（见图 2.11）是波音公司生产的双发（动机）半宽体中远程运输机，主要是用来争夺 20 世纪 80 年代 B707、DC8、B727 等 200 座机中远程客机由于退役而形成的市场。波音公司于 1972 年提出计划，与意大利、日本方面合作生产三发远程飞机，最初定名为 7X7，不过该计划没有实现。随后在经过方案论证和市场调查后，波音公司于 1978 年 2 月宣布发起波音 767 研制计划，同年 7 月，获得美国联合航空公司 30 架 767 的确认订单后，开始全面设计研制工作。联合航空公司代表参与了设计全过程，以便更好地满足用户的要求。

图 2.11 波音 767

7. 波音 777

波音 777（见图 2.12）是一款由美国波音公司制造的长程双引擎广体客机，三级舱布置的载客量由 283 人增至 368 人，航程由 5 235 海里增至 9 450 海里（9 695 km 增至 17 500 km）。波音 777 采用圆形机身设计，起落架共有 12 个机轮，是美国波音公司研制的双发中远程宽体客机。波音 777 在规格上介于波音 767-300 和波音 747-400 之间。

（a）

（b）

图 2.12　波音 777

波音 777 具有左右两侧三轴六轮的小车式主起落架、完全圆形的机身横切面以及刀形机尾等外观特征。波音公司在 777 上采用了全数字式电传飞行控制系统（Fly-by-wire）、软件控制的飞行电子控制器、液晶显示飞行仪表板、大量使用复合物料、光纤飞行电子网络等多项新技术。

波音 777 是用于与空中客车 A330、A340 及 A350 竞争的机型。虽然空中客车公司用强调四发动机比双发动机更安全的理由来吸引顾客，但波音 777 还是在与 A340 的竞争中占据优势，不少航空公司考虑经济性，宁可选用双发的波音 777 而不是四发的 A340。空中客车公司也曾质疑波音是否与 FAA 联手修改 ETOPS（双发延程飞行）规定。

波音 777 是美国波音公司研制生产的双发宽体客机。1990 年 10 月 29 日，波音公司正式启动研制计划，1994 年 6 月 12 日第 1 架波音 777 首次试飞，1995 年 4 月 19 日获得欧洲联合适航证和美国联邦航空局型号合格证，1995 年 5 月 30 日获准 180 分钟双发延程飞行，1995 年 5 月 17 日首架交付用户美国联合航空。波音 777 在大小和航程上介于 B767-300 和 B747-400 之间，具有座舱布局灵活、航程范围大和不同型号能满足不断变化的市场需求的特点。

波音 777 最初计划的设计来自在波音 767 的基础上设计三发动机型号新款飞机，用以与麦道公司的 MD-11 竞争。后来设计计划被取消，主要原因是设计复杂，当时市场上欠缺相匹配的发动机。当时波音 747 及 767-300ER 之间在航程及载客量方面均缺乏过渡产品，空中客车公司乘机推出了 A330 及 A340。波音公司于 1986 年提出把 767 加大的概念设计——767-X，在 767 的基础上放大机身及机翼，载客 280 人，航程达到 13 500 公里，最终因未获航空公司认可而被放弃。于是波音公司调整研发计划，1990 年 10 月项目正式启动，波音公司名为 767-X 的 777 研发计划正式对外公开，并获得美国联合航空的订单。

波音 777 的设计阶段有别于波音公司的其他产品。在设计初期。波音公司和一些航空公司进行了广泛深入的讨论以确定和开发新飞机的结构布局。这些航空公司包括：美国联合航空公司、全日空航空公司、英国航空公司、日本航空公司和香港国泰航空公司，它们在航线结构客流量和服务频率方面全方位地代表了各航空公司现有的营运水平，均成为了开发 777 时的顾问航空公司。起初波音公司的工程师发现要整合多家航空公司的意见并不是一件易事，不过在波音公司的努力协调下，合作结果令人满意。为了满足航空公司的要求，波音在 777 上采用了多项新科技。波音公司把这套哲学称之为“一起工作”(Working Together)，因此 777 被称为是波音“以客为本”的产品之一。为了开发和生产波音 777，波音公司花费了 15 亿美元来扩建厂房。777 计划是波音公司有史以来第二次商业豪赌（第一次为波音 747 客机的研制），如果计划失败波音公司就将破产。

图 2.13 波音 777-200

波音 777 是波音公司首次完全利用计算机绘图进行设计的飞机，是世界第一款完全以计算机立体 CAD 绘图技术设计的民用飞机，该技术又称为 CATIA(Computer-aided Three-dimensional Interactive Application)。整个设计过程中并没有使用纸张绘图，而是使用了 CATIA 三维计算机辅助设计软件。事先“建造”一架虚拟的 777，让工程师可以及早发现任何误差，并预先判定数以千计的零件是否配合妥当，然后才制作实体模型。在原型机建造的时候各种主要部件一次性成功对接。

波音 777 的性能规格见表 2.6。

表 2.6　性能规格

机型	777-200	777-200ER	777-200LR	777F	777-300
机师数/人	2	2	2	2	2
典型座位数/位	305（3级） 400（2级）	301（3级） 400（2级）	301（3级）	n/a	368（3级） 451（2级）
长度/m	63.7	63.7	63.7	63.7	73.9
翼展/m	60.9	60.9	64.8	64.8	60.9
座舱宽/m	5.86	5.86	5.86	5.86	5.86
机身宽/m	6.19	6.19	6.19	6.19	6.19
最大航距	5 235 nmile（9 695 km）	7 700 nmile（14 260 km）	9 450 nmile（17 500 km）	4 895 nmile（9 065 km）	6 015 nmile（11 135 km）
最大燃油容量	31 000 美制加仑（117 000 L）	45 220 美制加仑（171 160 L）	53 440 美制加仑（202 290 L）	47 890 美制加仑（181 280 L）	45 220 美制加仑（171 160 L）

8. 波音 787

波音 787 又称为“梦想客机”（Dreamliner），是一款中型双发（动机）宽体中远程运输机，是波音公司 1990 年启动波音 777 计划后 14 年来推出的首款全新机型，由波音民用飞机集团（BCA）负责开发，在 2004 年 4 月正式启动，如图 2.14 所示。经多次延期后，波音 787 于美国时间 2009 年 12 月 15 日成功试飞，标志着 787 飞机的制造项目进入交付使用前最后一个阶段。2011 年 9 月 27 日 0:20，波音 787“梦想飞机”交付全日空航空公司。波音 787 系列属于 200 ~ 300 座级客机，航程随具体型号不同可覆盖 6 500 ~ 16 000 km。

图 2.14 波音 787 客机

波音公司强调波音 787 的特点是大量采用复合材料，低燃料消耗，较低的污染排放，高效益及舒适的客舱环境，可实现更多的点对点不经停直飞航线，以及较低噪声、较高可靠度和较低维修成本。波音 787“梦想飞机”是航空史上首架超长程中型客机，打破了以往一般大型客机与长程客机挂钩的定律。

2005 年 1 月 28 日，波音 787 在拥有正式名称之前被称为“7E7”。2004 年 4 月，随着全日空确认订购 50 架波音 787 飞机，该项目正式启动。波音 787 原型机 2006 年开始生产，2009 年 12 月 15 日成功试飞。全球首架波音 787 客机于西雅图当地时间 2011 年 9 月 26 日 9 时 20 分（北京时间 9 月 27 日 0 时 20 分）正式交付全日空航空公司。

787 在技术和设计上的突破，使中型尺寸的 787 具有在同座级的飞机中无与伦比的航程能力与英里成本经济性。倘若乘客偏爱不经停直飞服务及更高航班频率，那么 787 就是开辟这种新航线的完美机型，尤其是不适合大型飞机的客源少的远程航线。波音 787 除了让中型飞机尺寸与大型飞机航程实现结合，还以 0.85 倍音速飞行，这也使其点对点远程不经停直飞能力得到更好的体现，从而能在 450 多个新城市对之间执行点到点直飞任务，这让运营商能更灵活地把机型与市场相匹配。

在同座级的飞机中，波音 787 具有无与伦比的航程能力与座英里成本经济性，这一切都归功于 787 在技术和设计上的突破，归功于以不断增长的航空旅行市场为核心的产品战略。要满足航空旅行市场不断增长的需求，就要不断开辟新的直飞航线并增加航班频率。作为 767 与 A330 家族理想的替代机型，787-8 拥有恰当的尺寸，能开启航空公司开发重要的航线网络收益优势的先河。融合航程、运力与经济性优势的 787-8，将让航空公司入主其他任何机型都望而却步的细分市场。

在这些新市场上与 787-8 一起大显身手的 787-9，运力与效率均比 787-8 略胜一筹。倚仗旗鼓相当的航程、速度与座英里经济性，以及可轻松进行混编机队飞行的驾驶舱设计，787 与 777 成为超高效中远程航线网络中的完美组合。与 787-8 同样超高效但重量较轻的 787-3，也理所当然地成为短程区域性市场上现有双通道飞机的替代机型。

相比其他民航机，波音 787 拥有更大的窗户，窗的位置亦更高，乘客可以看见地平线。窗中以液晶体调校机舱的光暗，减少窗外射入的眩光及维持透明。波音 787 内部如图 2.15 所示，性能参数见表 2.7。

图 2.15　波音 787 内部

表 2.7　性能参数

机　型	787-3	787-8	787-9
机组驾驶员人数/人	2		
座位数/位	290 ~ 330	210 ~ 250	250 ~ 290
长度/m	55.5 ~ 61.6		
翼展/m	50.3 ~ 58.8		
后掠翼	32.2°		
高度/m	16.92		
机身高/m	5.91		
机身宽/m	5.75		
座舱宽/m	5.49		
载货容量/m^3	124.6 ~ 152.9		
空重/kg	101 151	109 769	115 213
最大起飞重量/kg	165 108	219 539	244 940
最大燃油容量/L	126 918 ~ 138 898		

机舱内以发光二极管提供照明，取代荧光管，节省了约一半的电力消耗。

机舱气压以电动的空气压缩机维持，不使用引擎放气带入的空气；加上机身物料的空气密封功能，比旧款民航机更能保持机舱湿度。

机内用以太网络提供驾驶室及各部分的资料通信。

无须放气的涡轮风扇发动机减少了各式热空气管道，并以电力系统取代。

9. 波音 747

波音 747（见图 2.16）又称为“珍宝客机”（Jumbo Jet），是一种双层客舱四发动机飞机，是世界上最易识别的客机之一，亦为全世界首款生产的宽体民航客机，由美国波音民用飞机集团制造。波音 747 原型大小是1960年代被广泛使用的波音707的两倍。1965年8月开始研制，自1970年投入服务后，波音747一直是全球最大的民航机，垄断着民用大型运输机的市场，到A380投入服务之前，波音747保持了全世界载客量最高飞机的纪录长达37年。

图2.16　波音747

当时波音公司的客户——泛美航空公司希望波音能够提供一种比波音707大两倍的客机，于是波音把原来的运输机设计加以修改。最初的设计方案为全机双层机舱，但是不久即改为宽体机身的设计。60年代末期的一般想法是民航即将进入超音速时代。因为考虑到波音747将来可改作货机用途，所以波音747在设计时将驾驶室置于上层，方便作货机用时可使用“揭鼻式”前端货门。但超音速民航最后因为燃料、飞机价格、噪声等问题而最终只成昙花一现。波音747的销售量亦远超预期，为波音公司带来可观收入。原本只作机员、头等休憩处的上层机舱则被加长，成为商务舱。四十多年过去了，波音747的设计依然独树一帜——醒目而优美。更重要的是，无论用于客运还是货运，它都是一款高效的运输工具，其性能数据见表2.8。

表 2.8 波音 747 系列性能数据

<table>
<tr><th>机型</th><th>747-100</th><th>747-200B</th><th>747-300</th><th>747-400</th><th>747-400ER</th><th>747-8</th></tr>
<tr><td>载客量/人</td><td colspan="3">366（3 级）</td><td colspan="2">416（3 级）</td><td>467
（3 级）</td></tr>
<tr><td>长度/m</td><td colspan="5">70.6</td><td>76.4</td></tr>
<tr><td>翼展/m</td><td colspan="3">59.6</td><td colspan="2">64.4</td><td>68.5</td></tr>
<tr><td>高度/m</td><td colspan="3">19.3</td><td colspan="2">19.4</td><td>19.3</td></tr>
<tr><td>空载重量/kg</td><td>162 400</td><td>174 000</td><td>178 100</td><td>178 756</td><td>164 382</td><td>185 972</td></tr>
<tr><td>最大起飞重量（MTOW）/kg</td><td>333 390</td><td>377 842</td><td>377 842</td><td>396 890</td><td>412 775</td><td>439 985</td></tr>
<tr><td>最大燃料容量/加仑</td><td>48 445</td><td colspan="2">52 410</td><td>57 285</td><td>63 705</td><td>57 285</td></tr>
<tr><td>全载时燃料消耗/（L/km）</td><td>18.7</td><td>15.7</td><td>16.1</td><td>16.1</td><td>17.0</td><td>14.6</td></tr>
</table>

10. 中国商飞 C919

中国商飞 C919 的全称是“COMAC919”，是中国按照国际民航规章自行研制、具有自主知识产权的大型喷气式民用飞机（见图 2.17）。COMAC 是 C919 的主制造商——中国商飞公司的英文名称简写，“C”既是“COMAC”的第一个字母，也是中国的英文名称“CHINA”的第一个字母，体现了大型客机是国家的意志、人民的期望。第一个“9”寓意“天长地久”，“19”寓意 C919 大型客机最大载客量 190 人。C919 客机属中短途商用机，实际总长 38 m，翼展 35.8 m，高度 12 m，其基本型布局为 168 座。标准航程为 4 075 km，最大航程为 5 555 km，经济寿命达 9 万飞行小时。C919 共有全经济级、混合级、高密度级三种客舱布置构型，全经济级为 168 座；混合级 156 座，其中公务舱 3 排 12 座，经济舱 144 座；高密度级 180 座，其中公务舱每排 4 座，经济舱每排 6 座；服务员座椅共 4 座，前服务区 2 座，后服务区 2 座。

（a）

（b）

图 2.17　商飞 C919

11. 中国商飞 ARJ21

ARJ21（Advanced Regional Jet for 21 st Century）支线客机是中国按照国际标准研制的具有自主知识产权的飞机（见图 2.18）。ARJ21 包括基本型、货运型和公务机型等系列型号。ARJ21-700 型支线客机可载客

78～90 座，标准航程型满客航程为 2 225 km，主要用于满足从中心城市向周边中小城市辐射型航线的使用要求。飞机最大起飞重量 40 500 kg，最大使用高度 11 900 m，最大航程 3 700 km，设计经济寿命为 60 000 飞行小时/20 个日历年。ARJ21 支线客机是世界上第一款完全按照中国自己的自然环境来建立设计标准的飞机，在西部航线和西部机场具有很强的适应性。

（a）

（b）

图 2.18　商飞 ARJ21

第二节　客舱服务设备及使用（以空客 A320 为例）

一、客舱设备简介

1. 客舱舱门

空客 A320 共有 8 个门，4 个正常门和 4 个翼上出口。正常门分别位于飞机左侧的旅客入口（L1，L2），如图 2.19 所示，这两个入口是向内/向外开启的插入式舱门，向内开门，向外摇门，L1 为了开启方便带有弹力。在客机右侧是服务门（R1，R2）。4 个翼上出口为三型门，左侧两个，右侧两个，只能在紧急情况下用作应急出口，如图 2.20 所示。

图 2.19　客舱舱门（正常门）

图 2.20 客舱舱门（翼上出口）

2. 行李架

行李架位于客舱内旅客座椅上方的天花板上，部分应急设备也储藏在行李架中，如图 2.21 所示。每个行李架上有一个标牌，注明了行李架的最大承受重量。

图 2.21 行李架

3. 衣帽间和隔板

衣帽间位于飞机的前半部，分为有门的衣帽间和无门的衣帽间两类。每个衣帽间里都有灯，如图 2.22 所示。

图 2.22　衣帽间

隔板是用于分隔客舱内的各个空间的，有些隔板上配有装印刷品的书包袋，可装报纸、杂志等物品。

4. 旅客座椅

座位的具体数量根据航空公司的需要而调整。经济舱中通道左右各有 3 个，公务舱中通道左右各有 2 个。旅客座椅上装有一条安全带，座椅扶手上装有调节座椅靠背角度的按钮；紧急出口处的座椅靠背固定，不能调节角度，如图 2.23 所示。每一座椅背后均装有供后排旅客使用的椅背网袋（除最后一排外）和可折叠的小桌板。

图 2.23　旅客座椅

5. 乘务员工作岗位

乘务员工作岗位位于前、后乘客入口处，包括乘务员面板、乘务员工作灯、耳机（话筒）和座椅（见图 2.24）、应急设备和氧气面罩。

图 2.24　乘务员座椅

6. 乘客服务单元（PSU）和应急氧气

乘客服务单元（Passenger Service Unit）位于行李架的底部，配备了阅读灯和开关、呼叫铃灯、“系好安全带”（FS）和“禁止吸烟”（NS）信号牌以及座椅定位标志、氧气面罩、通风孔，如图 2.25 ~ 图 2.27 所示。

图 2.25　乘客服务单元图 1

图 2.26　乘客服务单元图 2

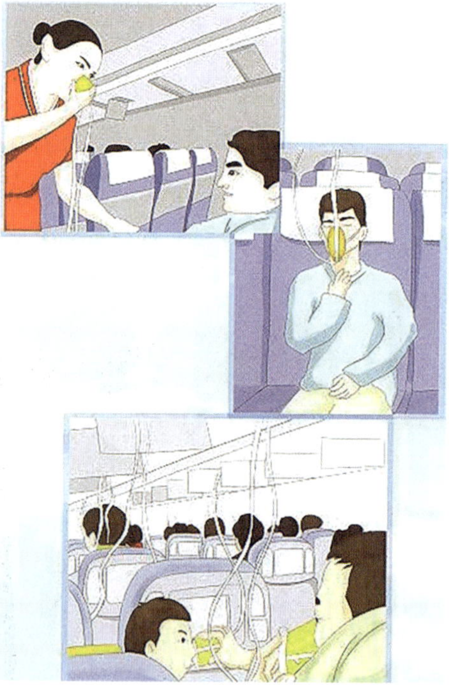

图 2.27　应急氧气面罩示意图

在经济舱中，客舱左侧有 4 个氧气面罩，右侧有 3 个氧气面罩。氧气面罩储藏箱内装有一个化学氧气发生器，可提供大约 12 min 的氧气。旅客用氧有三种供氧方式：

（1）自动方式：

座舱高度超过 14 000 ft（约 4 267.2 m）时，氧气面罩储藏箱的门自动打开，氧气面罩自动脱落。

（2）电动方式：

当自动方式失效或在任何高度，由机组操纵驾驶舱内的旅客供氧电门，氧气面罩储藏箱的门也能打开，氧气面罩自动脱落下来。

（3）人工方式：

当自动和电动方式都无法打开氧气面罩储藏箱时，可以人工方式使用尖细物品打开氧气面罩储藏箱的门，使氧气面罩脱落。

使用时应注意，化学氧气发生器只有拉动面罩后才开始工作，而且拉动一个面罩可使该氧气储藏箱内所有的面罩都有氧气流出。在化学氧气发生器工作时，不要用手触摸，以免烫伤。使用完后，要填写客舱记录本。

7. 客舱布局

A320 机型属中型飞机，客舱分为头等、普通舱两部分，客舱为单通道。A320 机型布局示意如图 2.28 所示。

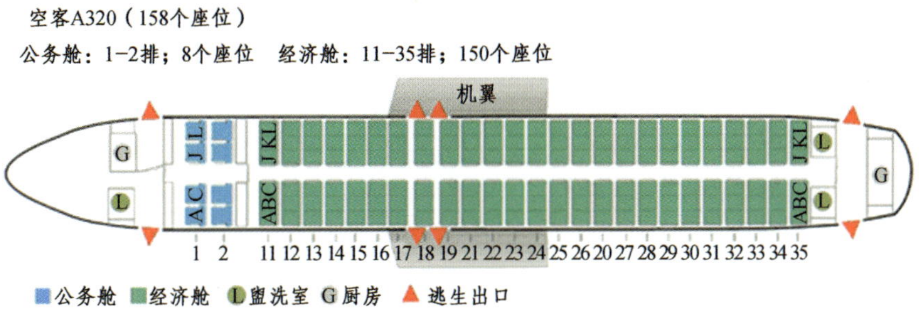

座位总数	公务舱	经济舱
158	8	150

图 2.28　A320 机型布局示意图

（1）机门：左门为登机门，右门为供应物品门。紧急情况下4个门均为紧急出口。

（2）卫生间：3个，L1门处1个，L2门处1个，R2门处1个。

（3）厨房：2个，前厨房位于前服务间，后厨房位于后服务间。

（4）乘务员座椅：6个，L1门两个，L2门一个，R2门两个，后右卫生间旁一个。

8. 飞机服务系统

飞机服务系统包括为飞机服务的廊桥、拖车、污水车、餐食车、货车、油车、净水车、清洁车等。

二、客舱内话数据系统（Cabin Intercommunication Data System, CIDS）

客舱内部通信数据系统（CIDS）用来操作、控制、监控和测试各种客舱功能。依据飞机结构型号和CIDS软件，由CIDS对功能进行管理。基本的CIDS管理的客舱功能包括：

- 旅客广播（PA）;
- 客舱和机组人员内话；
- 呼叫系统；
- 点亮的旅客标记；
- 普通照明；
- 盥洗室烟雾系统；
- 勤务内话；
- 延伸的紧急照明设备；
- 撤离滑梯瓶压力监控；
- 撤离信号设备。

除了上面的客舱功能，基本的CIDS安装也具有操作面功能，包括功能控制、监控和测试功能。系统准许不同的客舱构型而没有复杂需求和昂贵的硬件改变。现有的客舱设备（扬声器，照明组件等）保持和客舱构型用CIDS的软件改变完成，具体包括以下几个部分：

（1）前乘务员面板 Forward Attendant Panel(FAP)；

（2）后乘务员面板 After Attendant Panel(AAP)；

（3）乘务员指示面板 Attendant Indication Panel(AIP)；

（4）区域呼叫面板 Area Call Panel(ACP)；

（5）程序及测试面板 Programming and Test Panel(PTP)；

（6）乘务员话机(HS)。

（一）前乘务员控制板 FAP

前乘务员控制板（FAP）安装在飞机 L1 门处，如图 2.29 所示。乘务员从乘务员面板控制不同的客舱系统。

前乘务员控制板（FAP）完成这些功能：

- 音频控制（AUDIO）；
- 客舱灯光控制（CABIN LIGHTING）；
- 舱门及滑梯状态（DOORS/SLIDES）；
- 空调温度显示（AIR CONDITIONING）；
- 清水和污水容量显示及水系统故障报警（WATER AND WASTE）；
- 综合控制。

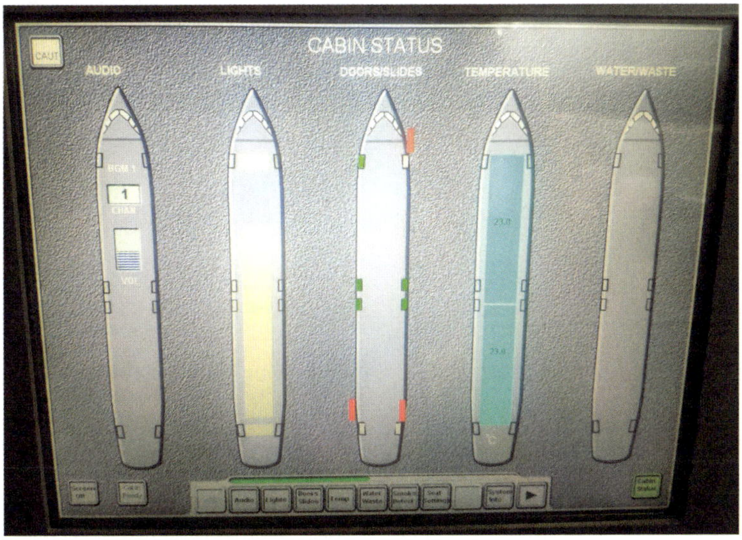

图 2.29 前乘务员控制板 FAP

1. 灯组件（CABIN LIGHT）

灯光系统可分为一般照明和应急照明。

（1）一般照明。

① 客舱区域照明（见图 2.30）：客舱上部区域由 4 行多个日光灯管照明，为了控制方便被分为两组（顶灯和窗灯），可通过 FAP 面板上的灯光控制板控制客舱的灯光照明。

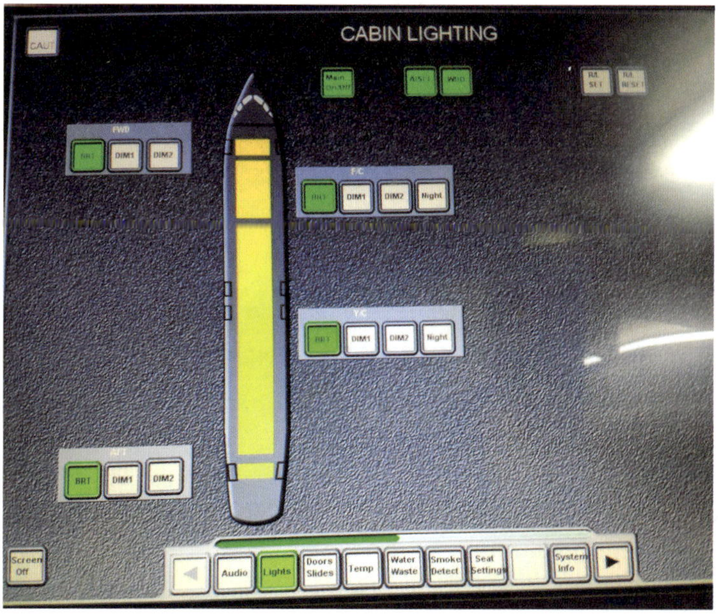

图 2.30　客舱照明组件示意图

- 系统的设计让乘客能够同时或分别选择顶灯和窗灯。
- 灯光可以有四个选择：BRT，DIM1，DIM2，NIGHT。

② 入口区照明：安装在顶板上的日光灯可为入口区提供照明。飞机左右两侧每个入口区的顶板上均装有两个日光灯管，其控制与客舱灯光控制相同。

③ 厨房区照明：由入口区的照明提供。

④ 乘务员工作灯：每个乘务员工作岗位都有工作灯，由该工作岗位的乘务员面板上的开关控制。

⑤ 卫生间照明：

- 每个卫生间的门上方都有日光灯，装在卫生间门上的微型开关用来调节卫生间内的照明亮度。
- 当卫生间的门未上锁时，日光灯管以 50%的亮度开启，射灯关闭。
- 当卫生间的门上锁后，射灯开启，日光灯以 100%的亮度开启。

⑥ 旅客阅读灯。

（2）应急灯光。

应急灯光系统为出口位置提供方位指示，为飞机内、外部出口道路提供照明。

① 应急灯——内部：出口标志和紧急区域灯指示出所有乘客的客舱路线。内部应急灯有门、过道、逃生路、出口灯和发光的出口标志。

紧急逃生路灯装在地板上，距过道左侧边缘约 20 英寸。灯亮时，如果地板 4 英寸以上的光源均被烟雾遮蔽，它可为紧急撤离提供视觉帮助和指示。紧急逃生路灯的电力由电池提供，持续约 10 分钟。同时，行李架上的应急灯为过道提供照明。以电池为动力的出口灯位于每个客舱出口处。

② 应急灯——外部：外部应急灯为逃生滑梯提供照明。这些应急灯位于每个入口和服务门的后部，为滑梯底部区域提供照明。当滑梯充气时，应急灯自动打开。机身每侧都装有三个应急灯，为地上逃生路线和地面联络区提供灯光照明。

2. 舱门及滑梯状态（DOORS/SLIDES）

图 2.31 中三种颜色意义如下：

红色：舱门打开。

绿色：舱门关闭，滑梯预位。

黄色：滑梯解除预位。

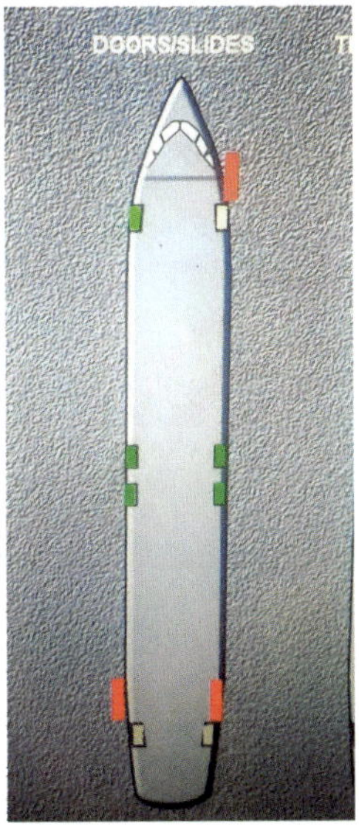

图 2.31　舱门及滑梯状态

3. 综合控制部分（见图 2.32）

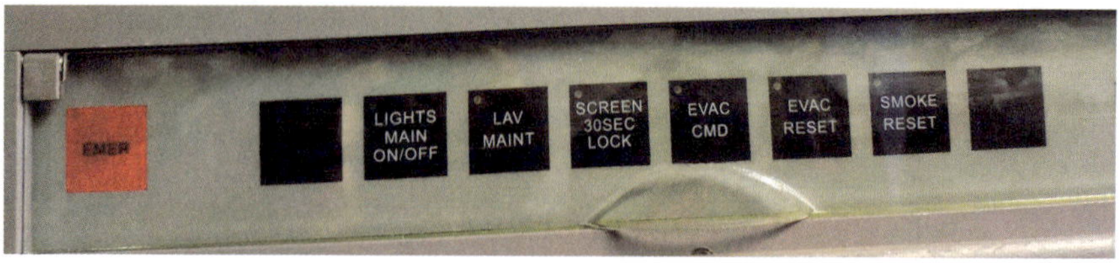

图 2.32　综合控制部分示意图

（二）后客舱乘务员板 AAP

后乘务员控制面板（AAP）126RH 在飞机的后入口区域，它能够使后乘务员控制不同的客舱系统，如图 2.33 所示。

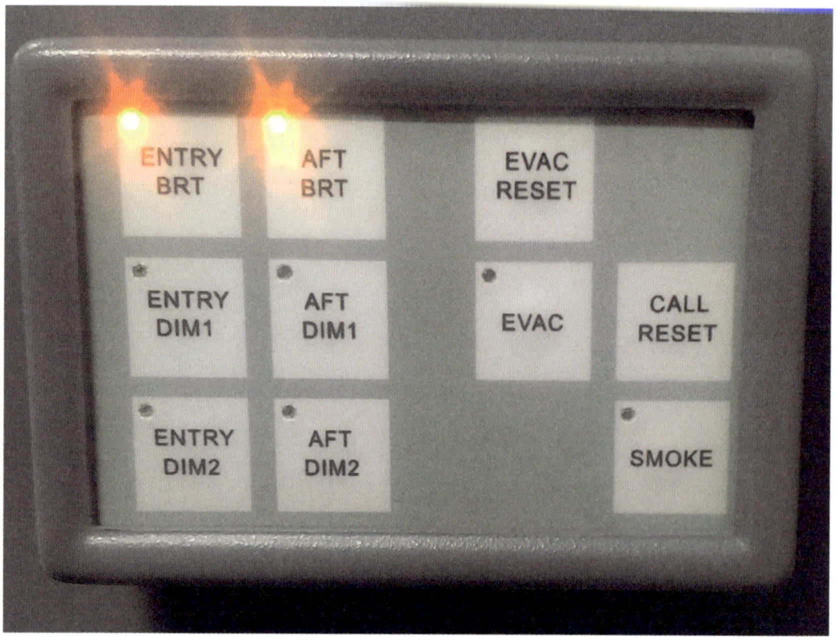

图 2.33　后服务控制面板

后乘务员控制面板执行这些功能：

- 调整接收数据总线信号；
- 编址命令和控制的处理；

- 来自客舱系统的输入处理；
- 来自后乘务员板上的薄膜电门输入处理；
- 在分配的时间间隔经由数据总线传送数据；
- 万一后服务员控制板有故障，故障消极保护用于数据总线传送和接收；
- 离散输出的短路保护。

由于飞机选型不同，后服务员控制面板包含按键也不同：

例如：

- 重新设定薄膜电门；
- EVAC 指示器。

或者：

- ENTRY BRT/DIM 1/DIM 2 薄膜电门；
- CABIN BRT/DIM1/DIM2 薄膜电门；
- RESET 薄膜电门；
- EVAC 指示器。

或者：

- YC/BRT/DIM 1/DIM 2 薄膜电门；
- RESET 薄膜电门；
- EVAC 指示器。

或者：

- ENTRY BRT/DIM 1/DIM 2 薄膜电门；
- YC BRT/DIM 1/DIM 2 薄膜电门；
- RESET 薄膜电门；
- EVAC 指示器。

（三）乘务员指示面板 AIP

乘务员指示面板（AIP）320RH 安装在每个乘务员站位上，从至少十米远的地方就能看见板照明，如图 2.34 所示。指示面板提供给乘务员呼叫功能，且其上的字母数字在大约两米距离是可读的。

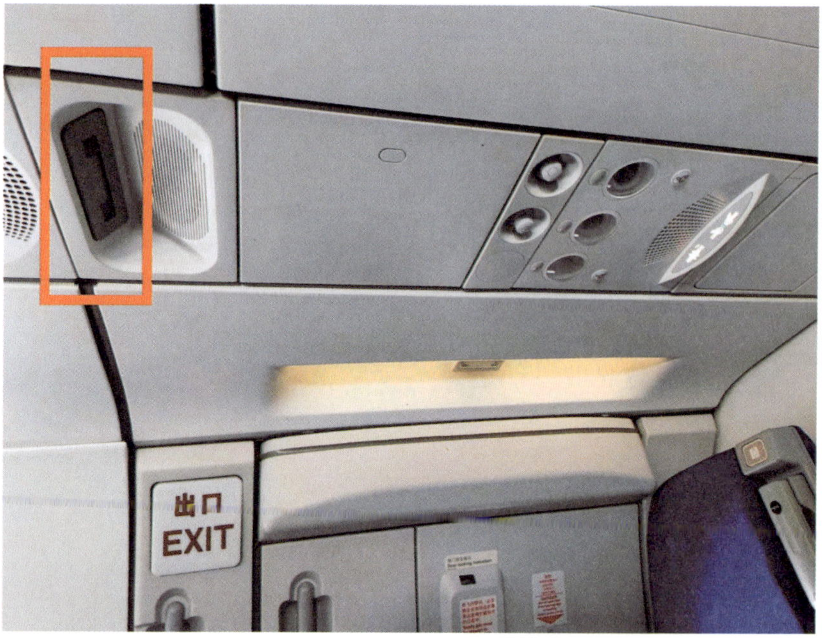

图 2.34　乘务员指示面板 1

如图 2.35 所示，AIP 包含这些组件：

- 显示面板有两行，每行有十六个字符；
- 包含字符发生器的显示控制器；
- 显示驱动器；
- 包含串行接口的一个单芯片微机；
- RAM 和只读存储器（ROM）作为程序存储器；
- 一个可擦写的可编程序只读存储器（EPROM），作为指定内容的存储器，EPROM 可作为微机单芯片的一部分或者可作为程序存储器；
- 线路接收器；
- 电源电路；
- 一个附加电路提供优化目视范围和远地到达呼叫功能；
- 一粉红色指示灯；
- 一绿色指示灯。

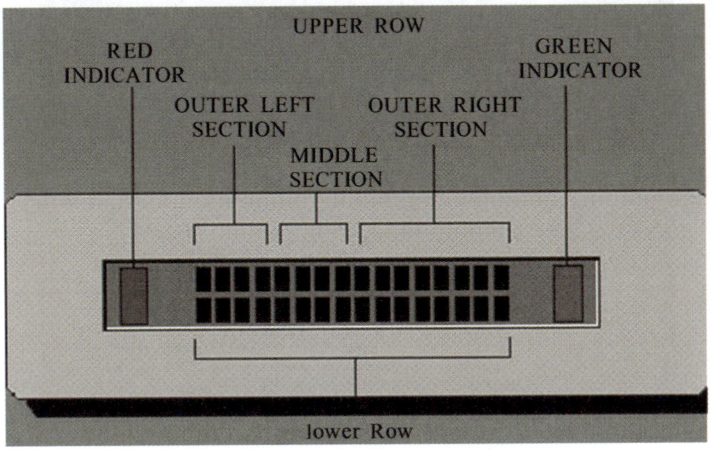

图 2.35 乘务员指示面板 2

微电脑协调所有 AIP 组件的操作和 ROM 中软件的运行。使用电压调节器向 AIP 供给 14 ~ 32 V 直流电源，它是内部必须使用的电压。线路接收器/串行接口用于 RS232 接收。提供一个输出用于发送 AIP 的 BITE 状态信号。所有的文字数字显示储存在 EPROM。根据从 RS232 接口接收的命令选择并且传送到显示器。并行接口连接到两个灯，根据接收的命令这些能在常亮或者闪亮模式（1 Hz）下接通。

（四）区域呼叫面板 ACP

区域呼叫板（ACP）340RH 安装在客舱的每个端口到天花板中心的左边和右边，如图 2.36 所示。ACP 有四个独立的控制字段，每个字段含有两个并联的连接灯。灯从 ACP 的前面或者后面是可见的，用两个可用护罩透镜中的一个着色。ACP 用作远地呼叫设备以警告客舱乘务员旅客呼叫、内话呼叫和盥洗室烟雾。

- 卫生间呼叫（琥珀色灯稳定亮）
- 卫生间烟雾（琥珀色灯闪亮）
- 乘务员呼叫（红色灯稳定亮）
- 机组呼叫（红色灯稳定亮或闪亮）
- 旅客呼叫（蓝色灯稳定亮）

图 2.36　ACP 面板

（五）程序和测试面板 PTP

编程和试验面板（PTP）110RH 安装在盥洗室 A 的后墙壁，如图 2.37 所示。它位于前乘务员站位，在一个挨着前乘务员面板安装的铰链检查口盖后面。为了 CIDS 正常操作，客舱分配组件（CAM）必须安装有保护套，这在面板前表面上提供。PTP 使前乘务员和其他的人员能广泛地测试和重新编程 CIDS。

图 2.37　程序及测试面板

PTP 功能如下：

- 它从 CAM 拷贝编制 CIDS 特性和客舱配置信息进入 CIDS 控制器。
- 手动下载备用的 CAM 配置进入控制器，并引起这个配置在随后的 CIDS 启动时自动下载。

在飞机上重新编程：

- CAM 数据；
- 规定 CIDS 特别功能的激活；
- 改变客舱布局；
- 执行客舱划分区域；
- 监视 CIDS 的故障状态和一些连接系统；
- 检查保存在控制器 BITE 存储器中的故障数据；
- 激活 CIDS 部件测试和结果读数。

PTP 有一个四行二十字符的字母数字显示器。显示器用来显示信息、测试结果和选择菜单。每个显示行的另一端为空格键。它们是以“<”或者“>”字符标示在显示器。数据的输入由常规的数字键盘提供。薄膜电门接通显示器和二薄膜电门测试应急灯。三个指示器灯提供应急照明系统/测试指示。客舱分配组件（CAM）115RH 插头插入仪表板正前面的插座。

（六）乘务员话机

每个乘务员位置装有一个电话听筒 330RH 用于 PA 和内话拨号和通信，如图 2.38 ~ 图 2.41 所示。驾驶舱装有只用于旅客广播使用的手持电话 130RH、在挂钩 332RH 上的手持电话 330RH 和在挂钩 132RH 上的手持电话 130RH 复位。

手持电话和挂架提供这些功能：

- 挂断测量；
- 按下通话（PTT）转换；
- 旅客广播通告；
- 经由整体的数字键盘的单键呼叫激活；
- 电话对谈（仅客舱手持电话 330RH）。

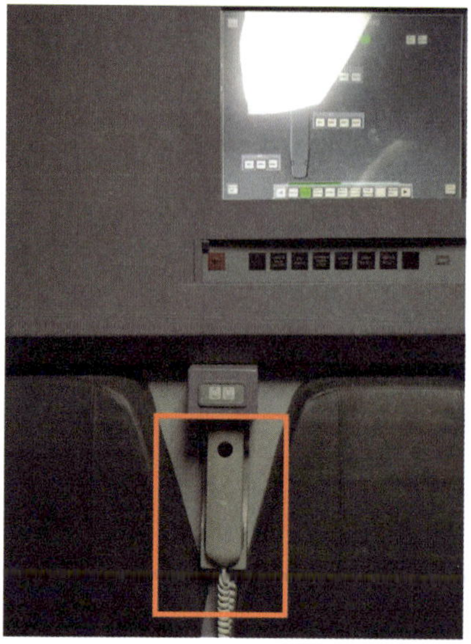

图 2.38　乘务员话机 1

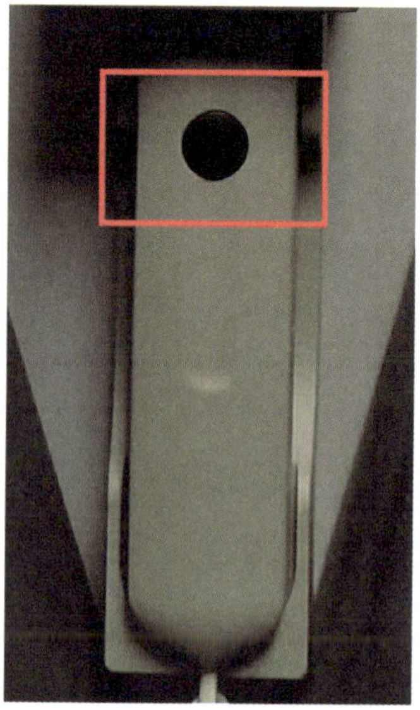

图 2.39　乘务员话机 2

图 2.40　乘务员话机 3

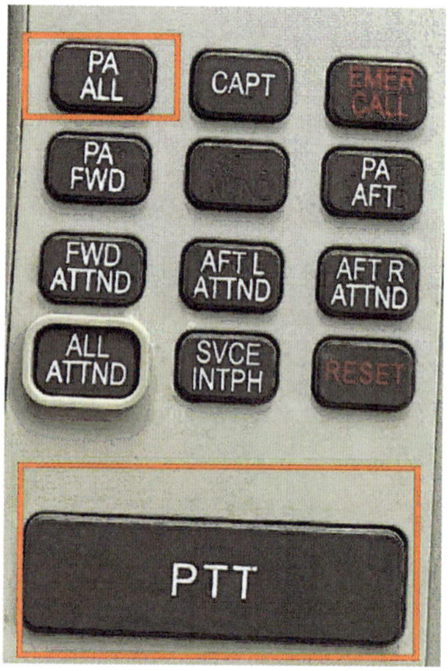

图 2.41　乘务员话机 4

或者：

- 挂断测量；
- 按下通话（PTT）转换；
- 旅客广播通告；
- 经由整体的数字键盘的单和双键呼叫激活；
- 电话对谈（仅客舱手持电话 330RH）。

两个手持电话类型有：

- 话筒组件包含预置放大器；
- 头戴耳机；
- 按压-讲话开关；
- 手持电话支架包含一个永久磁铁。

客舱手持电话 330RH 也含有：

- 带有 12 个按键的键盘；
- 一个音调拨号接合面电路。

三、客舱通信、娱乐系统

1. 客舱内话系统

客舱内话系统可用来做以下呼叫：

- 驾驶舱对乘务员；
- 乘务员对驾驶舱；
- 乘务员对乘务员；
- 对客舱广播。

控制呼叫灯面板装在客舱行李架的前、后天花板上。控制呼叫灯面板上有三种颜色的灯光：粉色灯亮，代表机组呼叫；蓝色灯亮，代表客舱内的旅客呼叫；琥珀色的灯亮，代表卫生间内有人呼叫。当内话系统进行呼叫时，相应颜色的呼叫灯就会亮起。

2. 客舱广播系统

（1）当出现几个部位同时使用内话系统时，客舱广播按以下顺序播放：

① 驾驶舱呼叫；

② 乘务员呼叫；

③ 预录广播；

④ 登机音乐。

这是为了保证重要广播优先播放。

（2）乘务内话系统。

举例说明如下：

① 对全体旅客广播——按下 PTT（送话键），旅客广播通知可通过各个客舱扬声器进行。

② 对头等舱旅客广播——按下 PA + 1/FWD + PTT。

③ 对普通舱旅客广播——按下 PA + 2/MID + PTT。

④ 广播完后按 RESET 或挂机完成复位。

3. 乘客呼叫系统

乘客按下“乘务员呼叫”开关后：

- 位于乘客服务单元的开关灯亮；
- 位于相连的前、后乘务员工作岗位的蓝色乘务员呼叫灯亮；
- 相连的乘务员工作岗位响起一声高音钟声。

再次按下呼叫灯所属的乘务员呼叫开关，则乘务员呼叫灯熄灭。

4. 卫生间呼叫系统

乘务员呼叫开关位于卫生间洗手池橱柜上方的内墙上，按此开关可在卫生间呼叫乘务员。

按下“乘务员呼叫开关”后：

- 卫生间外墙的卫生间呼叫灯/重接开关亮；
- 相连的前、后乘务员工作岗位的琥珀色卫生间呼叫亮；
- 相连的乘务员工作岗位响起一声低音钟声。

再次按下卫生间外墙的卫生间呼叫灯/重接开关，则卫生间呼叫灯熄灭。

5. 乘客信号牌

禁烟信号牌和系好安全带信号牌位于客舱内，装在乘客服务单元上。

卫生间的“返回座椅”信号牌只有在亮起时才能看到。这些信号牌由驾驶舱人工或自动控制。

四、卫生间的设施及使用

1. 卫生间的设施简介

为了旅客及机组的舒适和方便，客舱内设置了卫生间。每个卫生间都具备洗手间的功能，并有冷、热、污水和空调空气的出口接头，并配备有排风扇。每个卫生间内都有烟雾探测器。

2. 卫生间数量

机上共有三个卫生间：前卫生间 La 和后卫生间 Ld、Le。

Ld 和 Le 两个卫生间有助残设备；

在 Ld 卫生间的后侧壁上，安装有一个专门为担架通过的壁板，这里有足够的空间使担架旅客从后客舱进入客舱，在不使用时，该壁板可以从卫生间内部固定。

3. 卫生间服务组件（Lavatory Service Unit）

所以卫生间都装有一个卫生间服务组件（见图 2.42）和其他设施。

图 2.42 卫生间服务组件

（1）LSU包括：

返回座位指示灯（Return to Seat）：当“系好安全带灯”亮起时，“返回座位信号灯”亮。

呼叫按钮：当按下“呼叫乘务员按”时，卫生间门外上方琥珀色灯亮并发出声音，如需要复位只能再次按下卫生间内的呼叫按钮。

电源插孔：115 V/400 Hz的交流电。

（2）其他设备包括：

扬声器；

通风口；

氧气面罩；

顶灯（白炽灯）、镜前灯（荧光灯）：卫生间门关上、锁好都会使镜灯和“卫生间被占用”信号牌亮；

禁烟标志。

4. 卫生间服务设备

在客舱压差的作用下，马桶里的废污通过一个冲水活门从马桶进入到地板下的废水箱中，如图 2.43 和图 2.44 所示。在卫生间的使用中不得将牛奶、咖啡、果汁、坐垫纸、茶包、冰块、小毛巾丢入马桶里。

图 2.43 卫生间水系统

图 2.44 客舱卫生间洗手池下方结构图

1）助残设备

2）婴儿服务用板

3）卫生间水系统

卫生间使用水由位于客舱地板下面的水箱提供。通常水箱由位于客舱地板下的一个电动空气压缩机进行加压，当电动空气压缩机不能工作时，飞机的空气引气系统会自动提供备用加压。

（1）水加温器。

卫生间内冷热水均有。加温器位于卫生间洗手池下方，水温一般在 45 °C ~ 48 °C，如果加温器发生故障，加温器水温超过 60 °C 时，加温器电源开关将自动切断。

（2）卫生间控水阀门。

第一种控水阀门：

每个卫生间有一个人工关断活门，以切断卫生间的供水（当卫生间出现马桶溢流时可以关断此活门），它位于马桶旁边一个盖板的后面。在另一侧，有一个人工关断手柄，它可以人工关断冲水活门（当马桶出现持续不断的真空噪声时，关断人工关断手柄）。关闭水阀门后，为了防止水加温器过热，还要关闭水加温器，并记住同时关闭卫生间。

第二种控水阀门：

在洗手盆下的维护门内有一个“L”形状的开关。

浮动活门：

位置：洗手盆下方。

作用：

① 用于防止客舱压力通过排水管泄漏；

② 洗手盆堵塞，通过拉起活门顶部的圆环，可以操控排水。

（3）卫生间垃圾/卫生系统。

按下马桶上的冲水钮，冲水循环系统使用来自饮用水系统的水，持续大约7秒钟。一旦按下冲水钮，在下次冲水循环系统启动之前，为使系统重接，有15秒钟的自动延迟时间。这样，即使有人反复按冲水钮，也可防止连续冲水，节约用水。

卫生间内有两个感应器与污物箱的上部相连。不能冲水之前，两个感应器必须都指示“污物箱已满”。

（4）卫生间烟雾报警器。

卫生间的天花板上都装有烟雾报警器，包括烟雾感应器和信号显示系统两部分。当卫生间内的烟达到一定浓度时，通过它的感应传给CIDS系统。

卫生间探测到烟雾时客舱将有以下视觉和听觉的标志：

- 每30秒重复3次低双谐音；
- 相应的ACP琥珀色灯闪亮（当烟雾扩散到低于烟雾探测器调定值时灯灭）；
- 所有的AIP上的红灯闪亮，且显示相应的卫生间；
- 相应的卫生间外面的卫生间指示灯连续闪亮。

按下FAP、AAP上的“RESET”可以复位视觉和音响效果。

（5）卫生间自动灭火系统。

每个卫生间的洗手池下面都有一个自动灭火装置，里面包括一个海伦灭火瓶和两个指向垃圾箱的喷嘴。当达到79 °C时，两个喷嘴向垃圾箱内喷射海伦灭火剂。

五、厨房的设备及使用

1. 布　局

A320 有两个厨房，分别位于前舱 G1 和后舱 G5，如图 2.45 所示。

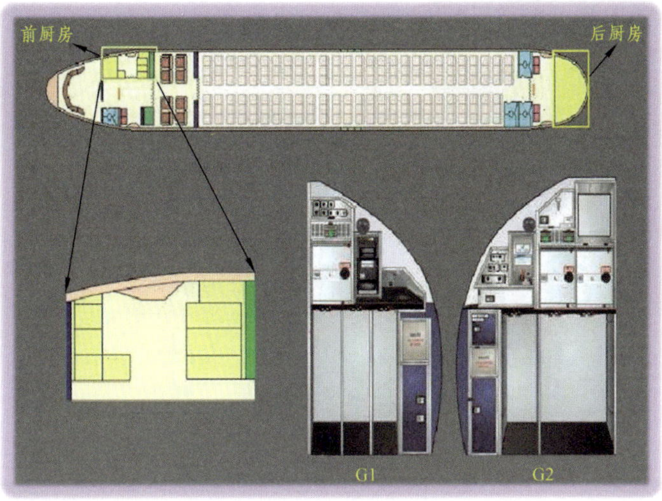

（a）厨房布局

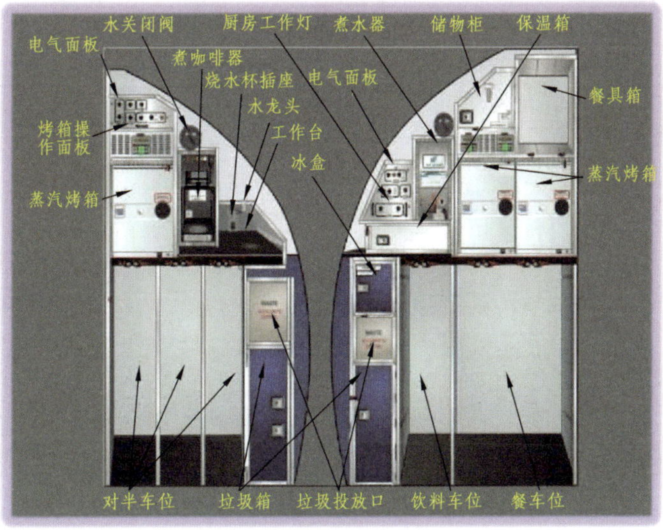

（b）前厨房布局（G1）

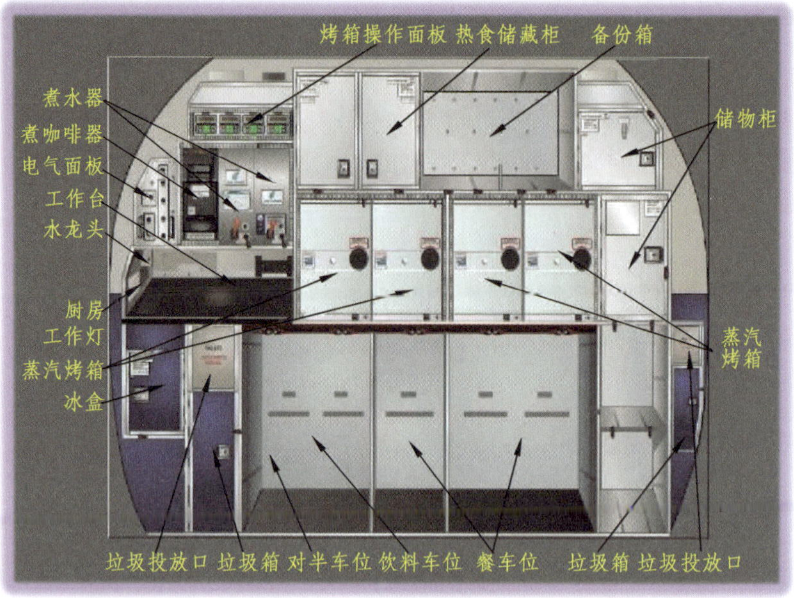

（c）后厨房布局（G5）

（d）后厨房设备（G5）

图 2.45　厨房布局及设备

2. 概　况

（1）每个厨房都有水、电、废污和空气出口，每个厨房各有一个综合控制面板为厨房提供电源；厨房总电源位于驾驶舱，飞行中如果飞机主电源系统只有一个汇流条供电时，厨房电源将会自动切断，以保证安全。厨房的电源为 115 V/400 Hz 的交流电。

（2）每个厨房都有一个控水阀门和自动排放活门。

（3）厨房内有用于固定滑动物的各类锁定装置，乘务员应养成随用随扣的习惯。

（4）厨房里的设备有：烤箱、煮水器、烧水器、储物柜、垃圾箱，下半部分是餐车。

（5）饮食及卫生间用水是由一个引气供压的容积为 200 升（53 加仑）的水箱提供，废水箱也可容纳 200 升，清水和污水的量以水箱总量的百分比形式在 FAP 面板上显示出来，320 水箱在飞机前部机身下。

3. 厨房设备

（1）垃圾箱。

（2）餐车。

（3）烤箱（见图 2.46 和图 2.47）及使用方法。

图 2.46　客舱厨房烤箱内部图

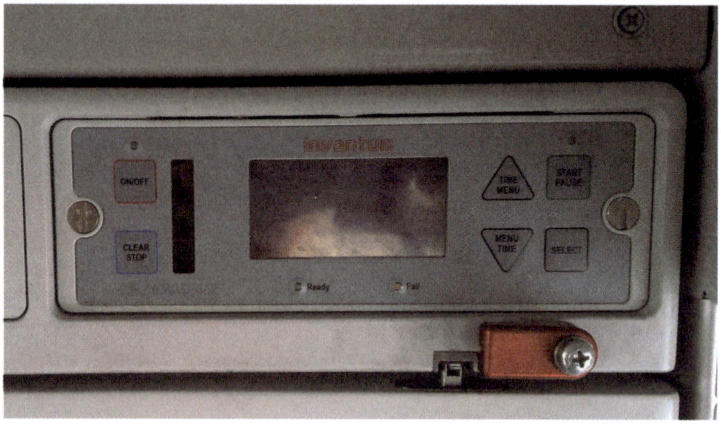

图 2.47　客舱厨房烤箱操作功能键

① 正常操作方法：

- 打开电源开关；
- 转动调节旋钮，设定烤制时间（HT 和 ST），按下 SET 键；
- 按动 TEMP，设定烤制温度；
- 按动 START，启动烤箱。

② 提前预定时间方式操作：

- 打开电源开关；
- 转动调节旋钮设定烤制时间（HT），按下 SET 键；
- 继续转动调节旋钮，设定服务时间 ST，按下 SET 键；
- 按压 TEMP 键，选择温度；
- 按下 START 键，烤箱自动启动（10 秒后停止工作，进入倒计时，当 ST 和 HT 相同时烤箱自动启动）。

③ 使用注意事项：

- 上机后检查烤箱能否正常工作，清理烤箱内的油渍；
- 烤制食品时，烤箱一定要关严、扣好；
- 烤箱严禁空烧 8 分钟以上；
- 烤箱内的干冰要在烤制食品前拿出来；
- 起降前烤箱必须断电。

（4）煮水器（见图 2.48）的使用。

- 把水壶放到煮水器按下手柄；
- 按下 ON/OFF 打开电源，再按下 BREW 灯待水烧开自动流出，水满自动停止；
- HOT PLATE 按下是加热，HOT WATER 按下灯亮是出开水，灯灭是出热水。

注意：NO WATER 灯亮时应：先关闭烧水器电源→检查水阀是否打开→检查水表（FAP）→通知驾驶舱。

图 2.48　客舱厨房煮水器

（5）烧水器使用方法及注意事项。

① 使用方法：

- 打开水开关，检查是否有水放出；

- 将煮水器开关打到 ON 位，此时工作灯和加温灯亮起；
- 当 READY 灯亮起时，表示水已经烧开，但所接水量最好不要超过一壶。

② 使用注意事项：

- 严禁水箱内无水空烧；
- 控制每次接水的水量，以免水温太低而影响服务质量。

（6）烧水杯（见图 2.49）的使用。

① 使用方法：

- 接 4/5 的水；
- 将烧水杯插好扣紧；
- 定时固定，开启电源；
- 水烧开后，定时回零，切断电源。

图 2.49　烧水杯

② 使用注意事项：

- 严禁空烧；
- 水不要接满，以防烫伤；
- 严格按操作程序进行，不能将定时器人工归零。

六、客舱舱门及使用

1. 舱　门

（1）“Ⅰ”型门的结构。

门的辅助动力装置的作用：门的辅助动力装置是在正常操作，特别是在有风的情况下减缓开门的速度，紧急情况下可以充当辅助动力筒，自动把门打开。

检查：

a. 可在客舱内话数据系统（CIDS）中的 PTP 面板上检测其压力；

b. 在门的阵风锁旁有一个压力表，可对照门上刻度表（温度与压力对比表）进行检查。

注意：除驾驶舱紧急出口和翼上出口，其他所有门上都装有辅助的动力装置。

（2）警告系统。

①“客舱压力”警告灯为红色频闪灯（当所有发动机全部关停，且预位系统在解除预位时，如外部压力小于客舱压力，在压差大于 2.5 毫巴时，红灯闪亮）。

②“滑梯预位”指示灯为白色，稳定亮（在预位状态开门时亮灯）。

注：这两个灯的状态也可以从外侧透过观察窗看到。

③ 预位手柄：

预位手柄在预位位置时：预位系统手柄把滑梯上的提带杆连接到舱门地板上。

预位手柄在解除预位时：预位系统手柄把滑梯上的提带杆连接到客舱门上。

（3）A320“Ⅰ”型门的结构组件如图 2.50 ~ 图 2.52 所示。

1——Door Locking Indicator 舱门锁定指示器

2——Arming System 滑梯预位系统

2.1——Safety Pin 安全销

2.2——Arming Lever 预位手柄

2.3——Warning Flag 警示带

3——Gust Lock 阵风锁

4——Assistant Handles 辅助手柄

5——Observation Window 观察窗

5.1——Slide Armed Indicator Light 滑梯预位指示灯

5.2——Cabin Pressure Warning Light 客舱压力指示灯

6——Door Control Handle 舱门控制手柄

7——Escape Slide Container 滑梯包储藏箱

图 2.50　客舱舱门

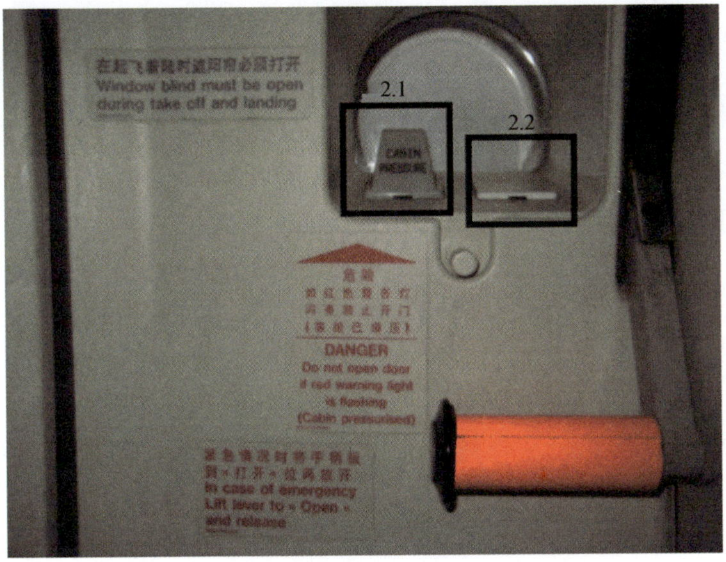

图 2.51 空客机型舱门开启手柄（处于关闭状态）

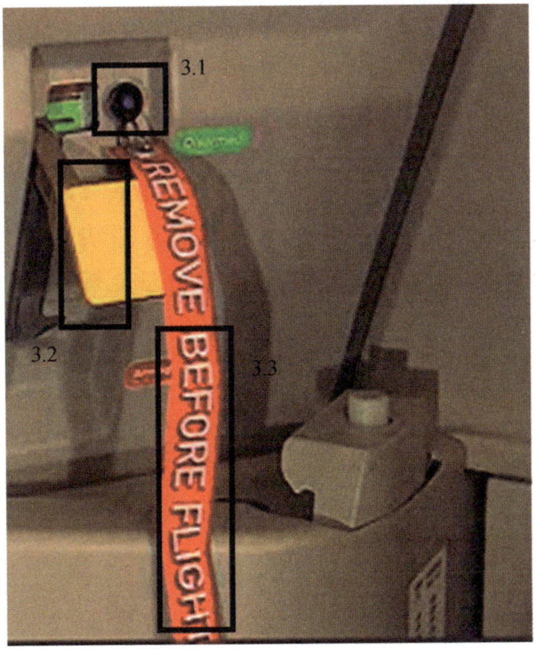

图 2.52 空客舱门滑梯预位手柄（处于解除预位状态）

2. 门的正常操作程序

（1）“Ⅰ”型门的打开。

▲ 观察舱外情况；

▲ 检查预位手柄在 DISARMED 的位置，将安全销放好；

▲ 观察红色压力灯（如果红色客舱压力警告灯在观察窗附近闪烁，不要打开舱门，要马上报告机长）；

▲ 抬起手柄，确认“SLIDE ARMED”灯不亮；

▲ 打开舱门（抓住手柄向上抬，向外推门，直至门锁锁定在全开位），开门时，在未得到下机指令时应拉上门的安全带。

注：气动助力开门失效时，人工推开客舱门；如果滑梯预位手柄处在“ARMED”位置，从外侧开门，手柄将会自动回到“DISARMED”的位置。

（2）“Ⅰ”型门的关闭。

▲ 按下阵风锁，抓住左边的辅助手柄；

▲ 抓住拉手，向后拉门；

▲ 当门对正门框时，向内拉门并压下门操纵手柄；

▲ 检查门锁指示器显示在绿色 LOCKED 的位置。

（3）“Ⅰ”型门从外开关的操作方法与步骤。

① 开门：

▲ 通过观察窗确认红色客舱压力警告灯没有闪烁；

▲ 按下盖板，抓住手柄向上抬，直到与绿线齐平；

▲ 把门向外拉再向机头方向推，直到完全打开。

② 关门：

▲ 按下阵风锁，使舱门开锁；

▲ 把舱门拉向门框再推入；

▲ 把操作手柄按下，直接与舱门平行，门就锁好了。

（4）“Ⅰ”型门滑梯预位和解除预位（见图 2.53 和图 2.54）。

① 舱门预位程序：

▲ 拔出安全栓；

▲ 压下预位手柄（到 ARMED）；

▲ 插入安全栓，警告带内藏。

② 舱门解除预位程序：

- ▲ 抬起预位手柄（到 DISARMED）；
- ▲ 拔出安全栓；
- ▲ 安全栓插入手柄上方孔内，警告带外露。

图 2.53 空客舱门滑梯预位手柄（处于预位状态）

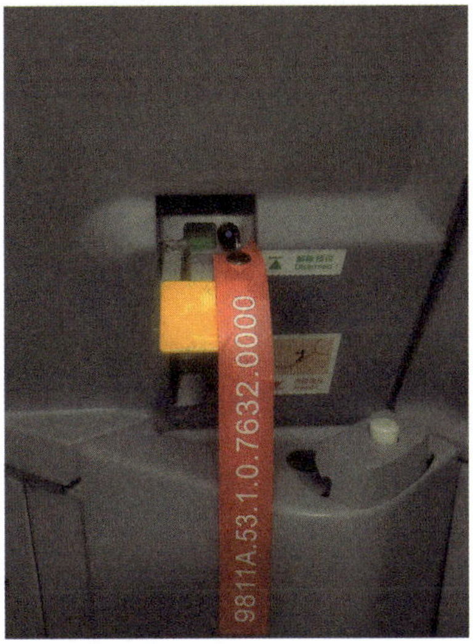

图 2.54 空客舱门滑梯预位手柄（处于解除预位状态）

3. A320舱门操作标准程序

A320 Normal Door SOP (Standard Operation Procedure)

（1）指令：各号位乘务员请注意，关舱门、滑梯预位并换位检查。

操作：

- 固定好自己（左手抓住门框上的辅助手柄）；
- 压下阵风锁；
- 确认无夹杂物关闭舱门；
- 确认舱门锁定指示器显示为绿色；
- 取出安全销；
- 下压预位手柄；
- 将安全销放入下方锁孔内 警示带内藏；
- 进行换位检查。

报告：报告乘务长，X舱门已关闭，滑梯已预位，并换位检查。

（2）指令：各号位乘务请注意，解除滑梯预位并换位检查。

操作：

- 取出安全销；
- 抬起预位手柄；
- 将安全销放入上方锁孔内，警示带外露；
- 换位检查。

报告：报告乘务长，X门滑梯预位已解除，并换位检查。

（3）指令：开启舱门。

操作：

- 再次确认滑梯已解除预位；
- 客舱压力指示灯没有亮起；
- 轻抬起舱门操作手柄，观察滑梯预位指示灯没有亮起；
- 打开舱门（如未接廊桥，拉上警示带）。

4. “Ⅲ”型门的打开

▲ 取下手柄盖（手柄灯和滑梯预位指示灯亮）；

▲ 下拉操纵手柄（紧急出口门向内移）；

▲ 抓住把手移开紧急出口门；

▲ 把紧急出口门扔出。

“Ⅲ”型门的结构包括：盖板，透明盖板窗，翻盖组件，使用说明，滑梯预位指示，应急门手柄（露出位），翻盖，客舱玻璃。

练习题

1. 什么是 PSU？PSU 包括哪些组件？

2. 座舱高度到多少米（英尺）时氧气面罩就自动脱落？

3. 什么是座舱高度？

4. 客舱氧气面罩有哪几种释放方式？

5. CIDS 系统指的是什么？分别包括哪些组成部分？

6. FAP 面板中的按键中有一个灯孔的按键，两个灯孔的按键以及没有灯孔的按键，请问在操作中有什么不同？

7. FAP 面板包括哪些控制部分？

8. 撤离信号可以从哪些面板上复位其音响效果？

9. ACP 上粉红灯亮起指示的是什么信息？

10. 在飞行起降前应该如何调整客舱灯光？

11. 卫生间有烟雾的听视觉效果是什么？

12. 当客舱内有旅客按下呼唤铃时，CIDS 中会有哪些显示？

13. 使用烤箱的注意事项是什么？

14. 分别描述空客 A320 和波音 737 的舱门滑梯预位和解除预位的操作程序。

15. 分别描述空客 A320 和波音 737 开关舱门的程序。

16. 客舱温度在哪里进行调节，调节的温度范围是？

第三章　乘务员客舱服务工作规范

第一节　乘务员专业化形象管理

一、乘务员的仪态要求

1. 站　姿

基本要领（见图3.1）：

（1）女士应优雅端庄，男士应挺拔端正。

（2）身体端正，两肩放平，两眼自然平视前方，嘴角上扬，面带笑容。

（3）抬头、挺胸、收腹、提臀、下颌微收，双臂自然下垂。

（4）双手不应抱在胸前或插入口袋，身体不应倚靠在其他支撑物上，不应出现抖腿等不雅姿势。

女士站姿：

脚跟并拢或呈丁字步，脚尖分开45度左右，双臂自然下垂置于体侧或叠放于腹前。

男士站姿：

双脚分开与肩同宽，双手自然下垂置于体侧或叠放于腹前/体后。

后背式立姿　　　　丁字式立姿

图 3.1　乘务员站姿要求

2. 坐　姿

（1）正襟危坐式——适用于正规场合女士坐姿：上身与大腿、大腿与小腿，都应形成直角，小腿垂直于地面，双膝、双脚都要完全并拢。

（2）双腿斜放式——适用于女士：着裙装坐于较低处，双腿并拢，双脚向左或向右侧斜放，腿部与地面呈 45 度夹角。

（3）垂腿开膝式——多为男士所用：上身与大腿、大腿与小腿皆为直角，小腿垂直于地面，双膝分开，不超过肩宽。

（4）双脚交叉式——男女皆可选用：双膝并拢，双脚在踝部交叉，交叉后双脚可内收或斜放，但不宜向前伸。

3. 走　姿

（1）行走时抬头、挺胸、收腹，上体挺直，双目平视，嘴微闭，面露笑容，肩部放松，两臂自然下垂摆动，前后幅度约 45 度（见图 3.2）。

（2）脚步不宜过重、过大、过急，不应左右摇晃。

（3）步伐自信大方，脚跟走成两条直线；行走时不应走“外八字”或“内八字”，不左顾右盼、手插口袋或与他人勾肩搭背。

（4）在机场等公共区域行走时不宜接打手机。

（5）执行飞行任务携带箱包集体行进时，应自然列队，保持箱包携带方向一致。

（6）在巡检客舱时，如迎面遇有旅客时，应主动停下来侧身让旅客先行通过，并以身体面向旅客。如两乘务员在过道上交错时要背对背面向旅客通过。

图 3.2　乘务员走姿要求

4. 蹲　姿

（1）轻蹲缓起，背部尽量保持自然挺直。

（2）下蹲时，如左脚在前、右脚在后，左脚应完全着地，小腿基本垂直于地面，右脚脚掌着地，脚跟踮起，臀部向下，以右腿支撑身体，反之亦然（见图 3.3）。

（3）女士双腿应尽量靠紧，男士双腿可以适度分开。

图 3.3　乘务员蹲姿要求

5. 指　引

（1）动作自然轻柔，目光与所指方向一致。

（2）指示时，五指并拢，拇指向内侧略微弯曲，根据指示距离的远近调整手臂的高度和肘部的弯曲程度。

（3）身体随着手的方向自然转动，收回时手臂应略成弧线再收回。

（4）不应使用单个手指指示方位。

6. 鞠　躬

（1）迎客鞠躬：角度约 15 度。

（2）致礼致谢鞠躬：角度约 30 度，保持基本站姿，面带微笑，目光与旅客交流并随鞠躬自然下移，落至脚前 1～1.5 米处，动作轻缓。

（3）致歉鞠躬：角度约 45 度，表情诚恳。

7. 递接、展示物品

（1）应使用双手，不方便使用双手时尽量使用右手。

（2）物品应直接递送到旅客手中，并留出便于旅客接取物品的位置。

（3）递送带有文字/标识的物品，应将文字/标识正面朝向旅客；递送尖锐物品时，不应将尖锐面朝向旅客。

（4）递接时伴以语言提醒，注意目光交流。

（5）展示物品位置不宜过高，以便旅客看清展示物。

8. 微　笑

（1）亲切、自然、真诚。

（2）嘴角自然上翘、露齿。

9. 目　光

（1）交谈和服务过程中应与旅客有目光交流。

（2）当与旅客近距离沟通时，应注视对方双眼，但时间不宜过久；如长时间沟通，宜注视对方脸上的三角部位（以双眼为上线，嘴为下顶角的区域）。

（3）当与旅客相距较远时，宜注视对方全身，不应上下打量。

10. 聆听沟通

（1）认真聆听是有效交流的重要体现，不应随意打断旅客的陈述，在对方陈述间歇宜以“对”“是的”“好的”等简短的认同语句表达对旅客陈述的理解。

（2）旅客陈述完毕后，应积极回应。

二、女乘务员的仪表要求

1. 女乘务员的发型要求

（1）发型应符合职业要求，自然、整洁大方，不应留怪异发型。

（2）头发应保持自然色，发色均匀；如白发过多，宜染成与自身发色一致颜色，不宜染成差异较大的颜色。

（3）应使用啫喱和发胶等定型产品，并保持头发光滑平整，不掉落、不松散。

（4）长发应梳起，于脑后盘绕成发髻，无碎发，宜使用发网固定，如图3.4所示。

（5）短发长度应左右对称，发尾不遮领，刘海不遮挡眉毛。

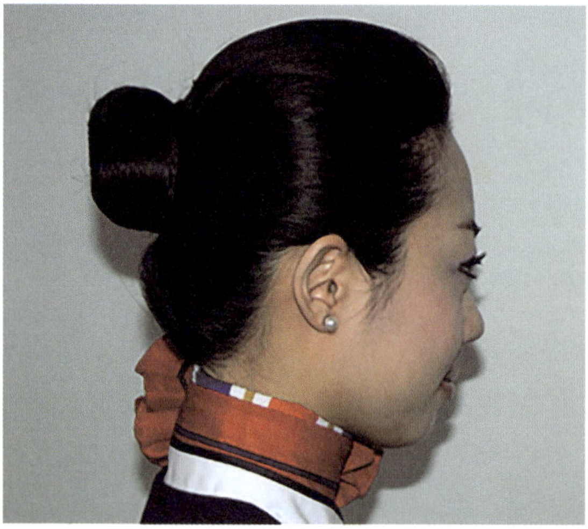

图3.4　女乘务员的发型要求

2. 女乘务员的妆容要求

（1）着制服时应化妆，妆容柔和适中、大方得体，不应过于浓重。妆容自然且能配合制服颜色，面部粉底色与颈部、耳朵等部位应柔和过渡，不应有明显的痕迹与界限。

（2）眉毛应为自然色偏深色系，线条不应过于生硬浓黑；不应佩戴过于夸张的假睫毛；不应佩戴美瞳或非瞳孔颜色装饰性隐形眼镜。

（3）眼影不应带亮片或过于闪亮，色彩应根据制服色系选择。

（4）眼线不宜过粗或过分上扬、下垂，不应过于闪亮。

（5）唇部应避免干燥，不宜使用过于油腻或闪亮的口红或唇彩，应保持口气清新。

（6）腮红的颜色不应强于口红，宜使用柔和的色彩。

（7）手部应保持干净；指甲应修剪整齐，长度适中（1～2 毫米），值勤时涂抹指甲油应符合航空公司要求，不应有装饰图案。

（8）工作期间应随时注意妆容，不应在公共场合补妆。

三、男乘务员的仪表要求

1. 男乘务员的发型要求

发型要轮廓分明，头发干净、利落、修剪得体，使用发胶使头发定型。长度应适中，鬓角不遮耳、发尾不遮领。前面不遮盖眼部。不得剃光头。

2. 男乘务员的妆容要求

（1）脸部应保持清洁、无胡须，唇部应避免干燥，保持口气清新。

（2）耳毛、鼻毛应清理干净，不应外露。

（3）手部应保持清洁，指甲应修剪整齐。

四、配　饰

1. 制服配饰

（1）女士应按照航空公司标准配备帽子、丝巾、围巾、丝袜等配饰，配饰应保持干净整洁、熨烫平整；丝袜应着公司标准颜色，弹性良好、颜色均匀，无刮丝无抽丝。

（2）男士应按照航空公司标准佩戴统一发放的领带、皮带等配饰，领带应保持干净平整；男士佩戴

领带时衬衫领口应系好；穿马甲时，应将领带底端收放在马甲里；应着深色袜子，袜腰不应过短，以下蹲或就座时不露皮肤为宜。

（3）应按照航空公司标准佩戴首饰饰物，不应佩戴夸张类饰物。

（4）应着航空公司统一配发的制式皮鞋，如自己购买，应等同于发放标准，保持光亮、无破损。

2. 空勤登机证

（1）只限本人使用，不应转借他人。

（2）进入候机楼隔离区域或上下飞机时，应规范佩戴。

（3）证件卡套及挂绳应统一规范，不应自行装饰，不应在卡套内放置其他物品。

3. 服务名牌

（1）应规范佩戴服务名牌，保持名牌镜面干净，文字、图案清晰。

（2）应佩戴本人服务名牌，不应转借或佩戴他人服务名牌。

（3）服务名牌、特色牌：别于左胸上方，特色牌应别于名牌下方。

4. 箱　包

（1）着制服时，应按照航空公司标准携带公司统一发放的箱包、衣袋等。

（2）不应在飞行箱包上悬挂和装饰个性化的饰品或贴纸。

（3）在航前准备区或机场等公共区域，应摆放整齐。

（4）客舱乘务员应对本人飞行箱包负有监管责任。

（5）不应在非工作场合使用飞行箱包，或转借他人使用。

（6）箱包的背带方法，应符合航空公司的相关要求。

5. 手　表

（1）确保在飞行值勤期间佩戴走时准确的手表。

（2）刻度应清晰、易于辨识。

（3）款式应简洁大方。

（4）不应佩戴造型夸张以及附有装饰图案和镶嵌物等的手表。

五、乘务员的着装规定

1. 着装要求

（1）客舱乘务员应按照航空公司要求，按季节、性别、职级、场合等穿戴制服。

（2）制服应穿着合体、尺寸适中、扣饰按标准扣好，应保持身体线条流畅，外套袖长以到手腕为宜。制服袖口和裤边都不应卷起，裤子应露出鞋跟，裤脚以刚好盖住脚面为宜。

（3）制服应干净整洁、无污渍，熨烫平整无褶皱。

（4）客舱乘务员应仅在工作值勤期间穿着制服，不应穿着制服乘坐公共交通工具或进行私人活动。

（5）客舱乘务员穿着制服期间不应出现喧哗打闹、公众场合吸烟等行为。

（6）客舱乘务员因工作需要置位时，应按照航空公司要求执行制服与便装的更换。

（7）制服口袋内，不应放置手机或其他超尺寸物品，也不应把双手随意插入衣袋或裤袋内。

（8）在进行餐饮服务时穿戴围裙，应保持熨烫平整、干净；穿、脱围裙时要避开旅客视线，不得穿围裙进入卫生间。飞行时要求携带备份围裙。

2. 制服的保养

制服穿脏后应及时清洗，保持干净平整。除围巾、衬衣、围裙可湿洗外，其他应干洗。

3. 冬季迎送客的着装规定

（1）当气温较低、天气寒冷时，站在客梯车或廊桥上送客的乘务员可着风衣或大衣送客。

（2）客舱送客的乘务员必须着装统一，可着外套送客。

（3）遇较大的雨、雪等恶劣天气时可不在客梯车上送客，但廊桥上必须有乘务员送客。

（4）当客舱关闭后，应及时脱掉大衣或风衣进行客舱服务。

六、职业礼仪

1. 基本礼仪

（1）与同事相遇，应微笑示意、主动问好，态度诚恳亲切；在工作区域应使用普通话，不应使用方言；与人交流时应多用敬语，做到亲切、准确、热情。

（2）应保持个人卫生整洁，口气清新，身体无异味，保持优雅行为。

2. 着装礼仪

（1）在工作区域着便装时，应大方得体，衣衫整洁，不应着奇装异服，不应穿拖鞋、睡衣、破洞牛仔裤及薄、露、透等衣物。

（2）着制服时应配以职业妆容，以淡雅、庄重、自然、协调为宜。

3. 工作场合礼仪

（1）应密切配合机组，自觉服从机长领导，应按机组要求对旅客诉求作出相应回答。

（2）出入各地机场等公共区域时，全组成员应自然成队，不应聊天打闹、不宜使用手机。

（3）在候机楼等待飞机时，应保持职业站姿、坐姿，箱包应按规定摆放整齐，不应在旅客面前饮食，大声喧哗。

（4）交谈时，语气应亲切自然、音量适中，正确使用文明敬语，不应使用不规范、非职业化称呼；客舱乘务员间沟通应回避旅客，不高谈阔论，不发表有损公司形象的言论；不应在工作期间扎堆聊天、谈论与工作无关的话题。

（5）用餐时应避开旅客视线。

（6）在厨房区域操作设备及走路时动作要轻，以免影响旅客休息。

（7）与地面工作人员交接工作或与其他部门工作人员协作配合时，应亲和大方、谦逊有礼，建立良 好协作关系。

4. 公共场合礼仪

（1）做好自媒体管控，不应泄露旅客隐私。

（2）遵守驻组/驻外酒店管理要求，离开酒店时应整理好房间，做到干净、整洁退房；公共场合应着装整齐，避免穿着睡衣、拖鞋等；酒店就餐时应杜绝浪费。

（3）应维护公共场所秩序，两人及以上同行时，不应勾肩搭背、大声喧哗、嬉笑、打闹。

5. 外交礼仪

（1）应尊重当地国家礼仪，遵守法律法规及驻外纪律。

（2）应尊重当地风俗文化，了解社交礼仪，体现人文素养。

（3）应尊重当地宗教信仰，学习掌握风俗禁忌。

6. 职业道德礼仪

（1）应自觉遵守各国海关、边防、检疫等规定，不应违规“捎、买、带”。

（2）不应涉足吸毒、赌博、色情等场所。

（3）不应在机上吸烟（包括电子香烟）。

第二节　乘务员职责

客舱乘务员指在民用飞机客舱内执行空中服务工作和安全管理任务的机组人员，包括主任乘务长、乘务长、区域乘务员和航空安全员。

乘务员的职责是指对机上所载运的旅客从登机后到下飞机前的安全和服务承担法定的责任。

一、空客 A320 飞机乘务员的编制

空客 A320 飞机乘务员的编制为 6 名，座位安排如下：

乘务员座位：PS-L1，2#-L1，3#-Le 旁，4#，5#-R2，6#-L2。

负责操作滑梯分离器的乘务员安排如下：

L1 门：PS1　　R1 门：SS2

L2 门：SS5　　R2 门：SS6

二、乘务员工作职责

1. 乘务长的工作职责

乘务长主要履行客舱管理的职责，其职责包含但不限于以下内容：

（1）对飞行全程中正常运行、不正常情况和应急情况下执行、协调客舱程序负有全面责任。

（2）对客舱工作进行管理，组织、监督、协调客舱机组成员在执行航班任务中按手册要求履行程序和标准，合理分工，评估和记录客舱机组表现。

（3）在航空器运行期间，服从机长指挥，保持与飞行机组、客舱机组、安保组成员的沟通并向机长汇报。

（4）负责与地面保障部门的协调和沟通，并做好相关交接与记录工作。

（5）收集旅客反馈信息、航班任务中的信息、客舱设备信息，并做好记录和报告。

2. 乘务员的工作职责

客舱乘务员是保障飞行运行安全的人员之一，主要职责是保证客舱安全，其职责包含但不限于以下内容：

（1）保障安全。当出现危及人身安全和财产安全等应急情况时，及时进行处置、降低风险，尽可能减少机上乘员的伤亡，包括发生事故时组织旅客撤离飞机。

（2）遵守法律法规和合格证持有人政策，按照合格证持有人手册程序开展工作，保障机上乘员安全。

（3）要求旅客遵守法律法规、合格证持有人政策和程序以及机组指令，维持客舱秩序，协助机长和空中保卫人员做好安全保卫工作。

（4）在航空器运行期间，服从机长、乘务长的管理，保持与机组成员之间的沟通并向机长、乘务长汇报。

（5）收集旅客反馈信息、航班运行中的信息和客舱设备信息，并向乘务长汇报。

（6）在满足和确保安全的前提下，可以为旅客提供适当的服务。如遇有颠簸或其他不正常、不安全的情况，客舱乘务员可以调整、删减服务程序，或不提供服务。

（7）完成必需的训练，确保个人资质符合飞行运行要求。

（8）按规章和合格证持有人政策合理安排休息，保证身体和心理健康情况符合飞行要求。

（9）向合格证持有人提出合理化建议。

3. 乘务员的细化工作职责

1）客舱乘务员的工作职责

（1）登机后，首先检查所负责区域内的氧气瓶、灭火瓶等紧急设备的数量和完好情况，并掌握使用方法；检查紧急撤离指示灯是否正常。

（2）出港前检查客舱及洗手间卫生，摆放好卫生用品。飞行中要随时检查和打扫洗手间卫生，喷洒香水，保持清洁无异味。普通舱每 3 人使用后至少打扫一次，公务舱每一人使用后至少打扫一次。

（3）检查机上娱乐用品、报刊、杂志的种类及数量，并将报纸摆放整齐，应注意平均分配各段报纸。

（4）主动、热情、迅速地引导旅客就座。校对旅客人数。

（5）飞机滑行、起飞、下降和颠簸前，要严格进行下列安全检查：

① 系好安全带（包括无人座位）；

② 收起并扣好小桌板；

③ 调直座椅靠背；

④ 检查行李架是否关好，走廊及出口处不得堆放行李；

⑤ 打开遮光板；

⑥ 禁止使用小型电子电器；

⑦ 收好公务舱座椅的脚踏板；

⑧ 固定厨房餐具、餐车及服务用品，扣好门帘；

⑨ 盖好马桶盖，关闭并锁上卫生间门；

⑩ 确认出口座位旅客是否符合标准。

（6）演示救生衣和氧气面罩时，要仪态大方、动作准确，并与广播相协调。

（7）若遇精神病患者和犯人乘机，应安排在适当位置，并向随行人员介绍防范注意事项，协助做好保卫工作。

（8）热情、礼貌地向旅客供应物品。

（9）供餐前应了解旅客的宗教信仰，尊重他们的风俗习惯，为旅客提供餐食前应先介绍所配餐食的种类，给需要特殊餐食的旅客送餐时应做到餐别准确无误。

（10）旅途中客舱里应经常保持有飞行乘务员（客舱中一般保持有两名飞行乘务员，最多不超过3名），注意观察旅客动态和需要。发现可疑现象要及时报告飞行乘务长。

（11）主动介绍航线地标和机上设备以及乘机常识。耐心、细致、准确地回答旅客问询。严禁在工作时间做与工作无关的事情。

（12）对老弱病残者和儿童应主动了解情况，给予特殊照顾。

（13）注意客舱温度，了解旅客的需要，及时同机组联系予以调整。

（14）主动征求旅客意见。

（15）飞机落地后，要及时送还代旅客保管的物品，为驻外办事处带的报纸、文件都要及时卸下。

（16）旅客下机后，应认真仔细地检查客舱，如发现有遗留物品，要尽快设法归还失主。如有无人认领的物品，要及时交给地面工作人员处理。

（17）过站期间，负责整理报纸杂志，增补卫生用品及安全须知卡，检查落实客舱及卫生间的卫生状况，并向飞行乘务长汇报。

2）厨房乘务员的工作职责

（1）熟练掌握机上配电板和服务舱设备的使用。

（2）按“配餐单”“随机供应品服务用具配备回收单”来检查和校对本次航班所规定携带的服务用品、食品、饮料及餐食数量是否与单据上一致，并检查质量是否符合要求。

（3）起飞前检查服务舱内服务用具是否完好，并全部放置安全妥当。

（4）按工作程序做好旅客的服务供应准备工作，并确保服务用品摆放整齐。

（5）负责中途站、终点站装卸和交接供应品、食品的工作。

（6）负责厨房水车和餐食的摆放，服务过程中负责补充客舱中的饮料和餐食。

（7）保持服务舱和用具的整齐、清洁。

（8）旅客上下飞机时应检查客梯是否放好，热情迎送，扶老携幼，照顾好特别需要帮助的旅客。

（9）严禁将腐烂或变质的食品、饮料、餐食供给旅客。提供饮食饮料前先检查生产日期，如发现问题及时向飞行乘务长反馈。

（10）飞机到达前整理、清点、收回全部服务供应品，填写回收单。

（11）熟练掌握各种紧急设备的使用。

（12）检查水箱的水是否加满及抽水马桶的废水储存情况。

3）广播员的工作职责

（1）飞行前要认真熟悉和复诵广播词。

（2）携带广播词和航线介绍资料。

（3）广播时热情、准确、语速和音量适中，语调流畅柔和，语言通俗易懂。

（4）在航班飞行中，广播器不得给旅客使用，但执行专包机任务时可酌情处理。

（5）正确使用广播设备，按照规定操作进行，爱护设备。如发现失效或损坏，应报告乘务长并及时填写客舱记录本。

（6）广播员由飞行乘务长兼任或指定一名具备资格飞行乘务员来担任。

4）公务舱乘务员的工作职责

（1）着装整洁，文雅大方，待客热情有礼，动作准确娴熟，服务积极主动。

（2）要有较丰富的服务工作经验，能准确回答旅客提出的各种问题。

（3）对公务舱旅客实行称呼姓氏的服务。

（4）起飞前按检查单严格检查服务供应品、纪念品、餐具、食品、餐食配备情况。供餐前要保证餐食和食品、餐具整洁，认真布置和摆放服务用品。

（5）热情迎候旅客上机，主动帮助旅客挂好衣帽，摆好手提物品，及时供应毛巾。

（6）始终保持洗手间的整洁、无异味，物品摆放整齐，美观。

（7）随时注意客舱温度的调节。保持客舱的安静，有礼貌地劝阻其他旅客不要到公务舱闲逛。

（8）熟练掌握公务舱中、西餐的供应程序和服务技能。

（9）熟悉混合酒、鸡尾酒的调配方法。

（10）细心观察旅客的需求，服务要做在旅客开口提出要求之前。

（11）下机时安排公务舱旅客先下，便于地面优先接待。

5）乘务员的安全检查职责

（1）当所有清洁、供餐和机务人员离机后，或在旅客登机前，乘务员和安全员必须对客舱进行清查。

（2）在检查中，发现任何可疑的物品，如非标准的设备或梳妆用具、非正常的导线、误放的手提行李、包裹、相机等，不要触动，要立即报告乘务长和机长。

（3）在过站时，所有乘务员都要留意下列情况：

① 允许留在飞机上的旅客或行李一般可以不检查，但在起飞前要对驾驶舱、厨房、卫生间等处进行检查。

② 只有特殊许可的人，出示适当证件后才可允许上飞机。

③ 在过站时，所有箱、柜的门都要关好。

（4）厨房乘务员要检查餐食的内容，如果有不能打开的容器或餐具，必须向乘务长、主任乘务长报告，即使在最后一刻装上飞机的食品，也要认真检查。

（5）出口座位的确认（Briefing the ABPs（Able-Bodied Passengers about the Emergency Exit））：

① 乘务长/主任乘务长必须确保已做过合适的广播或安全须知的简介。

② 确保旅客对于安全须知卡上的中英文指示的责任是理解的。

③ 客舱乘务员在旅客登机时必须对每一个坐在出口座位上的旅客讲解紧急出口的特殊性，确认后，报告乘务长/主任乘务长。

④ 在离港之前，乘务长/主任乘务长将出口座位的确认情况报告机长。

⑤ 不能坐在出口座位处的旅客种类如下：

- 双臂缺乏运动者；
- 无成人陪伴的儿童；
- 视力不佳者；
- 听力不佳者；
- 不愿或无能力遵守出口规定者。

对于不符合出口座位规定的旅客，乘务员有责任为其调换座位。

应急出口座位介绍包括以下几个部分：

① 问候，询问，评估。

② 介绍特殊性：

- 座椅靠背不能调整；
- 小桌板是扶手内插式；
- 座椅下方及前方通道不能放置任何物品或行李；
- 在任何时候不要触碰应急舱门上的白色盖板。

③ 出口座位须知卡在您前方座椅口袋内，请仔细阅读，如有任何问题请及时向我提出/如有任何问题请按呼唤铃。

④ 感谢。

三、乘务员岗位职责

1. 主任乘务长/乘务长的岗位职责

（1）作为乘务组负责人，组织领导客舱服务工作。

（2）负责与机长联络，并派专人对客舱进行广播。

（3）负责签收供应品、餐食，检查清洁卫生，负责对外联系工作。

（4）指挥各舱门紧急滑梯与地板连接杆的统一操作。

（5）负责驾驶舱和公务舱的服务工作及音乐播放。

（6）紧急情况下，按机长的指令指挥乘务组行动和疏散旅客。

（7）负责 L1 门的开关门和紧急脱离时的操作。

（8）负责前舱滑梯连接杆操作的检查。

（9）航班任务完成后，负责组织讲评，认真填写《乘务长工作单》。

（10）紧急情况下，按照机长的指令，指挥乘务员应急处置，及时疏散旅客。

2. 2号乘务员的岗位职责

（1）负责头等舱厨房、客舱服务工作，以及为机组服务。

（2）负责清点、检查头等舱餐食和服务供应品以及特色航班所需用品，并负责做好头等舱的各项准备。

（3）负责责任区的服务设备及应急设备检查工作。

（4）旅客登机时，负责安排头等舱旅客就座，头等舱无旅客时，协助 SS3 疏导旅客。

（5）负责监控头等舱卫生间的清理。

（6）起飞、下降前，负责头等舱客舱、厨房、卫生间的安全检查工作。

（7）负责 R1 门的紧急滑梯与地板连接杆的操作和紧急脱离时的操作。

（8）按乘务长的指派进行客舱广播。

（9）紧急情况下，听从指挥，按照要求组织旅客脱离。

3. 3号乘务员的岗位职责

（1）负责客舱工作，负责整理书报、杂志。

（2）负责 3 ~ 8 排区域的旅客服务。

（3）负责紧急出口座位确认，做到全程监控。

（4）负责责任区域的服务、客舱设备及应急设备检查工作。

（5）旅客登机时，负责引导 3 ~ 8 排旅客入座。

（6）起飞下降前，负责 3 ~ 8 排客舱安全检查工作。

（7）紧急情况下，听从指挥，按照要求组织旅客脱离。

4. 4号乘务员的岗位职责

（1）负责客舱工作，负责整理书报、杂志。

（2）负责9～16排紧急设备、客舱服务设备及清洁卫生情的检查。

（3）负责9～16排客舱安全检查及清查客舱。

（4）负责清理卫生间及摆放卫生间用品。

（5）旅客登机时，负责引导9～16排的旅客入座。

（6）起飞、下降前，负责9～16排旅客及后舱卫生间的安全检查工作。

（7）紧急情况下，听从指挥，按照要求组织旅客脱离。

5. 5号乘务员的岗位职责

（1）负责客舱工作，负责整理书报、杂志。

（2）负责客舱安全示范表演。

（3）负责责任区卫生间紧急设备、客舱设备及清洁卫生情况的检查。

（4）负责17～28排客舱安全检查及清查客舱。

（5）负责协助SS6的厨房工作。

（6）负责L2门的紧急滑梯与地板连接杆的操作和紧急脱离时的操作。

（7）紧急情况下，听从指挥，按照要求组织旅客脱离。

6. 6号乘务员的岗位职责

（1）负责普通舱后厨房的工作及客舱供应、补位工作。

（2）负责责任区的服务设备及紧急设备的检查工作。

（3）负责清点、检查、签收餐食及服务供应品，并向乘务长报告配餐情况。

（4）负责经济舱餐饮车准备工作。

（5）负责检查后厨房设备及餐饮车等。

（6）旅客登机时，负责在后厨房疏导最后几排的旅客就座。

（7）过站时负责督促清洁队打扫客舱卫生。

（8）负责R2门的紧急滑梯与地板连接杆的操作和紧急脱离时的操作。

（9）紧急情况下，听从指挥，按照要求组织旅客脱离。

第三节　客舱服务规范与技巧

一、灯光服务规范

1. 空客 A320 飞机客舱灯光的调节（见表 3.1）

表 3.1　空客 A320 飞机客舱灯光的调节

服务阶段		窗灯	顶灯
迎、送客		Bright	Bright
安全演示	人工	Bright	Bright
	录像	Dim1	Dim1
起飞前		Off	日航 Dim1 夜航 Dim2
行、还礼		日航 Dim1 夜航 Dim1	日航：Bright 夜航 Dim1 或 Dim2
播放录像		Dim1	Dim1
机上竞拍		日航 Dim1 夜航 Dim1	日航：Bright 夜航 Dim1 或 Dim2
旅客休息		Off	Night
落地前		Off	日航 Dim1 夜航 Dim2

2. 灯光调节的注意事项

- 长航线夜航飞行时，灯光调节时应注意由暗逐步到亮，给旅客适应的过程；

- 当旅客在阅读时，必须经过询问后才帮助打开阅读灯；
- 飞行中的任何时候，厨房值班灯不得关闭；
- 公务舱和普通舱的灯光调节可以根据各自工作进度的不同进行分别调节。
- 入口灯在迎、送客时打开，其余时间关闭；工作灯在入口灯关闭时打开。

二、迎送客服务规范

站姿：双腿并拢，身体与舱门成 45°角。

眼睛：面带微笑，目视客人的眼睛。

鞠躬：15 度角鞠躬并向客人问好。

手势：五指并拢、手势明确（见图 3.5）。

图 3.5 学生示范客舱迎客位及姿态

三、介绍与表演应急设备的规范（见表3.2）

表3.2 应急设备规范

号位	座位	卫生间	滑梯操作	工作区域	示范位	迎客位	送客位
PS1	L1		下达操作口令，操作L1门	全客舱监督检查		R1	R1
FS2	L1	La	R1	头等客舱、厨房工作，机组服舱协助经济舱	广播	头等舱有旅客在1D；头等舱无旅客在3D	R1
SS3	LAV旁			经济舱工作	1或3排过道	11D	LAV旁
SS4	R2	Le	L2	经济舱工作	11排过道	17D	后厨房
SS5	L2	Ld	R2	经济舱工作	减员时在11排过道	LAV旁最低配置在11D	后厨房
SS6	R2			后厨房		后厨房最低配置在17D	后厨房

介绍与表演应急设备应在飞机舱门关闭后立即进行。如果飞机上有录像设备，则播放事先录好的录像；如果该飞机上没有录像设备，则由乘务员进行人工演示，如图3.6和图3.7所示。

图 3.6 客舱安全演示 1

图 3.7 客舱安全演示 2

客舱安全设备示范

PASSENGER SAFETY BRIEFING

客舱安全演示广播词（例一）

女士们先生们：

现在由客舱乘务员向您介绍救生衣、氧气面罩、安全带的使用方法以及紧急出口的位置。

Ladies and Gentlemen:

We will now explain the use of the life vest, oxygen mask, seat belt and the location of the exits.

救生衣在您座椅下方的口袋里。

Your life vest is located under your seat.

使用时取出经头部穿好。

To put the vest on. Slip it over your head.

将带子扣好系紧。

Then fasten the buckles and pull the straps tightly around your waist.

然后打开充气阀门，但在客舱不要充气。充气不足时，请将救生衣上部的两个人工充气管拉出，用嘴向里充气。

To inflate, pull the tabs down firmly but don't inflate while in the cabin. If your vest needs further inflation, blow into the tubes on either side of your vest.

氧气面罩储藏在您座椅上方，发生紧急情况时，面罩会自动脱落，氧气面罩脱落后，要立即将烟熄灭，然后用力向下拉面罩，请您将面罩罩在口鼻处，把带子套在头上进行正常呼吸。

Your oxygen mask is in a compartment above your head. And will drop automatically if oxygen is needed. Pull the mask firmly towards you to start the flow of oxygen. Place the mask over your nose and mouth, and slip the elastic band over your head, the oxygen flow will begin within a few seconds.

在您座椅上备有两条可以对扣起来的安全带。当飞机在滑行、起飞、颠簸和着陆时，请您系好安全带。解开时，先将锁扣打开，然后拉出连接片。

In the interest of your safety, there are two belts on either side of your seat that can be buckled together around your waist. Please keep them fastened while the aircraft is taxing, taking off, in turbulence and landing. To release, lift up the top plate of the buckle.

本架飞机共有 8 个紧急出口，分别位于前部、后部和中部，在客舱通道以及出口处还有紧急照明指示灯，在紧急情况下请按紧急指示路线撤离。在您座椅背后的口袋内备有说明书，请您尽早阅读。

There are 8 emergency exits on this aircraft. There are located in the front, the rear and the middle sections. Please follow the emergency lights, which are on the floor and the exit to evacuate when emergency evacuation. For further information you will find safety instruction card in the seat pocket in front of you.

Thank you!

客舱安全演示广播词（例二）

女士们，先生们：

Ladies and Gentlemen:

为了确保您的安全，现在由客舱乘务员向您介绍本架飞机的安全设施。

For your safety, we will now explain the location and method of its use.

本次航班为禁烟航班，为了客舱环境的清洁、安全，不危害其他旅客的健康，在飞机客舱及卫生间内禁止抽吸香烟、如烟及同类产品。本架飞机共有 8 个紧急出口，分别位于前、中、后，紧急撤离灯位于通道左侧\紧急撤离荧光线条位于通道两侧。

This plane is non smoking flight. You are reminded that smoking is prohibited on board, including the use of electronic cigarette. There are eight emergency exits on this aircraft. They are located in the front, the middle and the rear sections. Please follow the emergency lights, which are on the floor when emergency evacuation.

安全带在您座位上。The seatbelt is on your seat.使用时将连接片插入锁扣内，根据您的需要调整安全带的松紧。Fasten the seatbelt like this and adjust it to your needs. 解开时，请先将锁扣打开，拉开连接片。Just pull the buckle to release the seatbelt like this.

氧气面罩储藏在您座椅上方，如果发生客舱释压，机上人员必须立即吸氧。氧气面罩脱落后，用力向下拉面罩；请将面罩罩在口鼻处，把带子套在头上进行正常呼吸。在帮助别人之前，请先戴上自己的面罩。在洗手间的乘客应就地戴上面罩。

In case of emergency, an oxygen mask will be automatically released from the compartment above your seat. When the masks fall, pull one to start the flow of oxygen. Place the mask on your face, covering your nose and mouth, then breathe normally. Put your own mask on first before assisting other passengers. There are also oxygen masks in the lavatories.

水上撤离时，每位乘客的坐垫可做漂浮设备。具体使用方法请阅读安全须知卡。

In the event of a water landing, your seat cushion can be used as a flotation device. For more detailed instructions please refer to the safety card in the seat pocket in front of you.

水上遇险时，为了您的生命安全，机上人员必须穿上救生衣。In the case of being in distress on the water, please put on your life vests 救生衣在您座位下面。Life vests are located under your seats.使用时取出，经头部穿好，将带子从后往前扣好系紧，并缠绕在腰间。To put the vest on, slip it over your head. Fasten the buckles and pull the straps tightly around your waist.然后拉动充气阀门，但在客舱内不要充气。The vest will be automatically inflated by pulling the two red tabs at the bottom. Do not inflate it in the cabin.充气不足时，请将救生衣上部的两个人工充气管拉出，用嘴向里充气。There are two mouth pieces inside the life vest which can be used to inflate the vest by blowing air into them.

安全须知卡在您座位前面的口袋里，请您在起飞前仔细阅读。

Please refer to the emergency instruction card located in the seat pocket for more information before take-off.

四、客舱服务规范与技巧

1. 书报杂志的服务

报纸折叠好后，相同的报纸可以摞在一起，杂志要每本分开排列成扇形。乘务员一只手的四指并拢，手心向上托住报纸或杂志的底部，拇指在里侧，另一只手并拢扶在报纸或杂志的左（右）上角。

送给旅客时应注意：

- 报纸杂志最外边的直接拿。
- 中间的和里边的报纸杂志，用一只手的拇指和食指捏住报纸的一边，沿着边缘至上角，翻手掌抽出，送到客人面前时应拇指在上，其余四指在下，刊头在上正对客人。
- 乘务员身体应 45°角对准乘客，眼睛注视乘客而不是报纸，如图 3.8 所示。

图 3.8　发报纸服务

2. 端托盘的规范

- 双手端托盘，盘竖着端，大小臂成 90°夹角。

- 端托盘的后半部。
- 手放在托盘的后三分之一处（靠近自己身体），四指并拢托住托盘的下部，拇指扶在托盘的外沿，如图 3.9 所示。
- 端托盘在客舱内转身时，身体转，托盘不转动方向。

图 3.9　拿托盘规范

3. 拿物品的规范

（1）拿空托盘时，竖着拿，盘面朝里，自然垂直在身体的一侧；拇指卡在托盘的盘面，其余四指并拢卡住托盘的盘底。

（2）拿杯子、酒瓶等，应拿其下 1/3 处。拿杯子时，无名指和小指托住杯底，其余三个手指并拢扶住杯身的 1/3 处。拿酒瓶时，拇指张开，其余四指并拢握住瓶身下 1/3 处。

4. 倒饮品的规范

- 为成年人倒软饮料时倒至杯子的七成满。
- 带气的酒或饮料，需将杯子倾斜 45 度角，以免泡沫溢出。

- 为年纪小的旅客倒饮料时倒至杯子的五成满，倒好后放在桌子中间，并告诉其陪同人员。
- 倒白葡萄酒和红葡萄酒时，同型号的杯子分别为 1/3 和 2/3 满。

5. 送物品的规范

乘务员在客舱内为旅客送物品时应遵循：从前至后，先里后外，先左后右（即先 ABC 后 DEF），先女士后男士；左边的客人用右手送，右边的客人用左手送。

（1）为公务舱旅客送礼品。

应用大托盘，摆放整齐美观，航徽或标记正面对着客人；为每位客人都送时，要留有一份的余地。

（2）送饮料的规范与技巧（见图 3.10）。

图 3.10　送饮料服务

① 饮料的摆放：用大托盘时，每盘摆15杯饮料。

摆放水车的技巧：

全是大筒饮料时，以摆放安全、方便、美观为宜，标签朝外；杯子倒扣，杯子的高度以不超过车上最高的饮料瓶为准；

大筒、小筒饮料均有时，大筒饮料放在水车中间，小筒饮料摆放在四周，摆放要整齐美观，方便取用。

② 饮料的送达：

- 先向旅客介绍本次航班提供的饮料种类，再询问客人需要何种饮料；如旅客需要的是带气的饮料，要询问旅客要不要加冰，如果需要，要先在杯子中加冰再倒入饮料。
- 如果旅客的小桌板未放下，乘务员要帮助其放下；将餐巾纸放在下桌板上，再放倒好的饮料；旅客小桌板上如果有其他物品，要先为其整理，不能将餐巾纸和饮料杯直接放在旅客的物品上。

（3）送果仁小吃的规范与技巧。

- 果仁小吃放在筐内或小托盘上；包装物的字迹正向对着客人。
- 拇指不能进入筐内或盘内。
- 送和客人自取两便。

（4）送餐盘的规范与技巧。

为旅客送餐盘一般均使用服务车（餐车），餐车门要在厨房内打开后，再推入客舱中。餐车在客舱内停放时要注意随时踩刹车，一般情况下餐车不能离开人。

- 先向旅客介绍本次航班提供的餐食种类，再询问客人需要何种餐食。
- 餐盘从餐车中抽取出来时顺序为从下至上。
- 餐盘放在小桌板的正中央，热食要靠近客人。

（5）托盘送热饮的规范。

- 热饮壶放在小托盘上，注意壶嘴不要对着客人，壶内的热饮不要太满；杯子倒扣在小托盘的左上角。
- 乘务员用双手端托盘，边走边向两侧旅客询问是否需要热饮。不需要每位旅客都问到，但乘务员的眼神要看到每一位旅客。
- 当有旅客需要时，乘务员用左手端托盘，右手拿起一只杯子放在托盘的右上角，然后右手拿壶倒饮料，再送给旅客。

6. 放物品的原则

乘务员无论是在客舱内还是在厨房里均要遵守放物品时轻、稳、准的原则，避免发出大的声响。

7. 收物品的规范

收物品遵循先外后里的顺序，与送的顺序相反。

① 收杯子：

收杯子时一般使用托盘，乘务员要事先在托盘内铺好托盘垫纸。

- 左边的旅客用右手收，右边的客人用左手收。
- 在托盘内将杯子由里向外摆放（即先从靠近自己身体的一侧开始摆放），每摞高度最多不能超过 5 个。

② 收餐盘：

收餐盘时一般用服务车收，乘务员事先在服务车的顶部摆放两个大托盘，托盘内铺好托盘垫纸，用来放餐盒等杂物。

用过的餐盘放入服务车内，按照从上往下的顺序逐格摆放。

8. 推、拉服务车的规范

推餐车：五指并拢扶在服务车身上方两侧，向前行进，如图 3.11 和图 3.12 所示。

拉餐车：双手握拳，拇指不要外露，拉服务车上方的凹槽，向后倒退。

图 3.11　推餐车示范 1

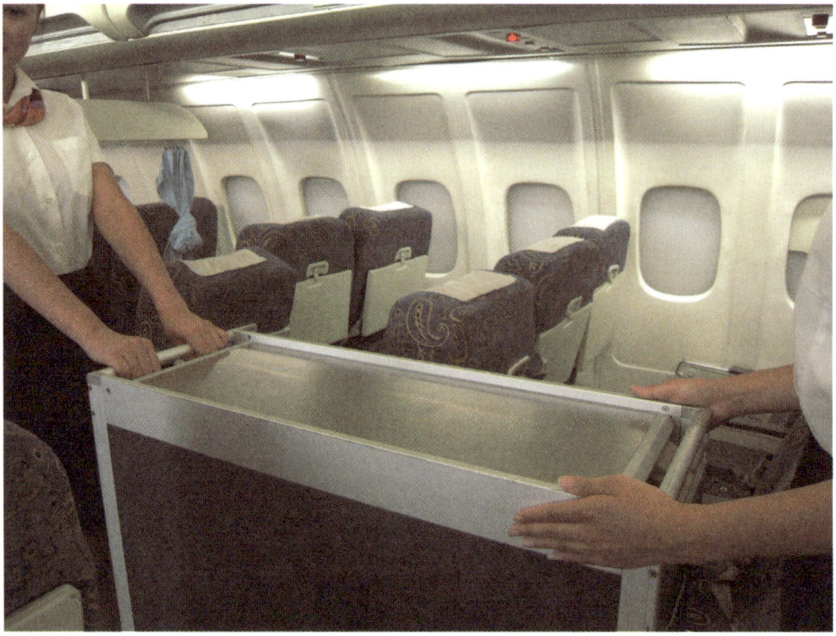

图 3.12　推餐车示范 2

五、饮料与酒类服务

1. 酒类饮品的服务

（1）啤酒。

啤酒是由大麦或其他谷物制成糊状，发酵再加上啤酒花制成。一般在有热食的航班上供应啤酒，无热食不供应。啤酒应先在冷藏柜内冰镇后再提供给客人，在旅客不主动要求的时候不要主动给其加冰。

开启啤酒时借助一条小毛巾，倒时杯子倾斜45°角，倒至七成，将杯子连同啤酒罐一起递给旅客。

（2）供应公务舱的酒类服务。

① 葡萄酒的服务。

开葡萄酒：开葡萄酒时，先在离瓶头上方5厘米的地方用刀转一圈，但不要弄掉金属纸，再用螺旋开关对准瓶塞垂直地往下转，不能面对旅客。瓶盖打开后，用餐巾纸将瓶口擦拭干净后，将瓶口的酒稍微倒掉一点，以免有渣子浮在上面。

葡萄酒的供应温度：

红葡萄酒：在室温下供应，开餐前30分钟开瓶；

白葡萄酒：冰镇供应，温度保持在10 °C ~ 12 °C。

送葡萄酒：送葡萄酒时，应介绍酒的全称，并可将酒的商标请旅客过目；夫妇俩坐在一起时，应先倒一点请男方品味，旅客认为可以后，再给女方倒酒，随后再给男方倒。

② 香槟酒的服务。

开香槟酒时，应先将餐巾放在瓶盖上，用左手按住，再用右手拧开瓶嘴上的铁丝，并拿住瓶盖左右旋转打开。

香槟酒需冰镇至8 °C ~ 10 °C提供。

③ 酒类服务的注意事项：

- 给旅客倒酒时，只倒到瓶底凸起部位，以免将瓶底的渣子倒入杯中。
- 供酒前应检查酒杯是否有破损痕迹，凡是有破损的都不应使用。
- 倒酒完毕抬起瓶时，应慢慢转动酒瓶以免滴在桌上。

2. 无酒精饮料的服务

（1）矿泉水的服务。

矿泉水从味道上分为咸味和淡味两类；从是否含有气体上分为有汽和无汽两类。最好是冰镇后再提供，如旅客无要求不主动加冰。

（2）果汁的服务。

果汁的主要原料应大于50%，在机上需求量较大的主要有：

橘子汁：机上用量最大，成人及孩子均爱喝，饮用时，加冰与否应根据客人的要求。

番茄汁：国内旅客消费量不大，外宾及港台客人较喜欢喝，加冰与否应根据客人的要求。

菠萝汁：机上消费量不大，此饮料可以提供给糖尿病人饮用，加冰饮用味道更好。

苹果汁：小旅客喜欢饮用，冰镇饮用味道最好。

提供果汁时要注意的事项包括：

- 打开前要摇晃，并擦拭大筒的顶部；
- 开过筒的果汁，留存时间不宜过长；
- 加冰与否要征求旅客意见。

（3）带碳酸饮料的服务。

- 打开前不要摇晃；
- 借助小毛巾打开，以防气泡外溢；
- 倒时杯子倾斜45°角；
- 不要过早打开；
- 婴、幼儿和神经衰弱者不主动向其提供可乐；
- 倒饮料前询问旅客是否需要加冰。

3. 茶的服务

机上提供给普通舱旅客的一般是花茶，提供给公务舱旅客的还有绿茶和红茶。花茶和红茶一般以袋泡茶的形式提供。

① 红茶的服务。

- 红茶一般均为袋泡茶，沏好后立即送出去，由旅客自调浓淡。
- 奶茶：红茶沏好后加入牛奶。

- 柠檬茶：红茶沏好后加一片鲜柠檬，若旅客需要糖，将糖一同送去即可，由旅客自行添加。

② 花茶的服务。

- 将茶包放入茶壶中，注入开水至5成冲泡；到送餐时，再注入开水至七成稀释茶汁。
- 冲泡次数不宜过多，两次为最好。

4. 咖啡的服务

机上提供的咖啡大部分为速溶咖啡。一般一大瓶盖或一小包冲泡一壶，先将咖啡放入咖啡壶内，注入5成开水后搅拌均匀，到开餐时再加入开水至七成后搅拌提供给旅客。

六、餐食服务

机上餐食主要分为正餐（含热食）、冷正餐（不含热食）、早餐（含热食）、冷早餐（不含热食）、点心等五类。

1. 烘烤餐食的温度

含热食的餐食必须烘烤加热后才能提供给旅客，任何剩余的食品都不能冷却后再次加热进行供应。热食的种类及烘烤要求见表3.3。

表3.3 热食的种类及烘烤要求

热食种类	烘烤温度/°C	烘烤时间/分钟
牛肉饭	170	20
鱼肉饭	170	20
鸡肉饭	170	20
素食	150	10
早餐热食	150	15

2. 烘烤餐食的技巧

- 检查烤箱有无餐食；
- 烘烤前要将干冰从烤箱内取出来；
- 热食不能直接摞在一起，每层之间要用苹子隔开；
- 特殊餐食不要和普通餐热食一起烘烤，以免送错。

如果发生食物中毒会影响飞行机组的工作能力，进而影响飞行安全，所以，为机组供餐的乘务员应绝对保证供给机长和另外机组成员的食品是完全不同的。

第四节　乘务工作四个阶段

在执行飞行任务时，乘务员必须按照一个标准操作流程来开展各项工作，又称为乘务工作 SOP(Standard Operation Procedure)，这就是乘务工作的四个阶段。乘务工作四个阶段包括预先准备阶段、直接准备阶段、飞行实施阶段及航后讲评阶段。在每个阶段，不同号位的乘务员都应按要求履行相应号位职责，按流程完成各项工作。

一、预先准备阶段

1. 个人准备工作

（1）乘务员进行网上准备，了解相关信息（包括航班号、起飞时间、飞机号、机组成员、配餐情况、航线知识、应急处置预案等）。

（2）携带好个人证件，包括登机证、健康证、乘务员训练合格证、身份证及姓名牌。

（3）准备好个人物品，包括客舱乘务员手册、化妆包、平底皮鞋、围裙、针线包、手表，备好双长筒丝袜，带好工作箱等。

（4）根据民航局安全条例规定，佩戴隐形眼镜的乘务员，书包内须备好一副眼镜。

（5）按照专业化形象要求，整理好个人仪表及着装。

（6）提前两个小时到派遣科刷卡签到。

（7）不饮酒，保证充足的睡眠。

2. 航前准备会

（1）国内航线提前两小时刷卡签到，进入准备室开会。

（2）完成航前酒精测试。

（3）带班乘务长检查乘务员的专业化形象。

（4）根据所执行的航班任务、机型进行合理的号位及任务分配。

（5）讲解航班安全要求、服务计划、旅客特点等。

（6）制定空防预案。

（7）复习对应机型的设备知识及应急处置程序。

（8）根据航线特点进行针对性提问。

（9）了解配餐情况。

（10）掌握公司近期业务通告。

3. 乘车进入候机楼

（1）乘务组应在乘务长的带领下严格按照发车时间一起乘坐机组车到达候机楼。

（2）候机楼行走时，应自然列队行走，不说笑打闹，不边走边打手机。

（3）使用步行梯时自觉站立在右侧，将左侧快速通道让开。

（4）在候机楼等候飞机时，衣箱摆放整齐，空乘专业人员集中就座。

（5）注意自己的仪态，不可跷二郎腿、吃东西、高声喧哗等。

二、直接准备阶段

直接准备阶段是指乘务组登机后到第一位乘客登机这个阶段。乘务组根据航班起飞时间，提前 1 小时 10 分钟上机。乘务员登机后应按照自己所分配的号位，根据各自的职责检查核实所属区域的应急设备和服务设备，确认处于待用状态，检查完毕后，向乘务长报告，并在航班起飞前30分钟完成以下准备工作。

1. 应急设备检查

在检查应急设备的过程中应注意一定要按照标准进行逐一检查，如设备的数量、是否在指定位置固定好，包装完整性、配套设备齐全、有效期等内容。

（1）听指令完成应急灯光检查：应急照明灯（天花板）、撤离路径灯（地板）、出口指示灯、出口标志灯。

（2）按照应急设备检查单检查负责区域的应急设备。

① 急救箱 应急医疗箱 卫生防疫包；

② 灭火瓶；

③ 氧气瓶；

④ 卫生间烟雾探测器，卫生间灭火系统；

⑤ 手电筒；

⑥ 安全演示用具包；

⑦ 《安全须知卡》《出口座位须知卡》；

⑧ 救生衣；

⑨ 出口指示灯舱门的状况；

⑩ 麦克风；

⑪ 防护式呼吸装置；

⑫ 广播及内话系统；

⑬ 客舱灯光；

⑭ 应急撤离指示荧光条有无脱落和覆盖现象；

⑮ 座椅安全带；

⑯ 婴儿安全带 加长安全带；

⑰ 应急撤离报警系统；

⑱ 救生船（延伸跨水飞行需配备救生船的机型）。

（3）通过内话向乘务长报告。

2. 服务设备及清洁卫生检查

乘务员在服务设备检查中发现的各类故障需要维修维护时，需要按要求在维护设备的显眼位置悬挂“维修卡”，不能及时更换或维修的，在航班中不能使用。客舱乘务员需向乘务长报告设备故障，由乘务长报告给机长。乘务长必须填写《客舱记录本》，航班落地后，填写《客舱问题反映单》。

（1）抽查客舱服务设施设备及清洁卫生（具体设备参照客舱设备介绍章节）。

（2）检查厨房区域设施设备及清洁卫生。

（3）检查卫生间设施设备及清洁卫生。

（4）通过内话向乘务长报告。

3. 整理客舱

（1）摆放书报杂志，打开所有旅客行李架、整理安全带、座椅、遮光板、座椅口袋内的三件套等。

（2）按标准摆放各类服务供应品。

（3）清点餐食及供应品数量，检查固定厨房设备。

（4）通过内话向乘务长报告。

4. 清舱检查

所有地面工作人员离开客舱后，有航空安全员的航班，客舱乘务员协助安全员对客舱进行清舱检查，没有安全员的航班由乘务长指挥客舱乘务员对客舱进行清舱检查。检查中发现任何可疑物品，发现有不能开启的容器或餐具，及时报告乘务长。

（1）客舱区域。

① 储藏柜，衣帽间；

② 紧急救生物品放置区；

③ 行李架；

④ 机组休息区；

⑤ 座位后面口袋；

⑥ 其他可存放物品的地方；

⑦ 乘客座位下面的救生衣；

⑧ 座位后面口袋的报纸杂志；

⑨ 小枕头和毛毯。

（2）厨房区域。

① 储藏柜，餐车，饮料车；

② 垃圾箱。

（3）卫生间区域。

① 洗手池下方储物柜；

② 纸巾存放架；

③ 婴儿尿片存放架；

④ 热水器区域；

⑤ 废纸箱；

⑥ 马桶周围；

⑦ 其他角落。

（4）航班过站停留期间，客舱乘务员应注意以下情况：

① 不下机的乘客和行李通常不需要再检查，但航空安全员和乘务员应在下一航段的起飞前对厨房、卫生间等位置进行必要的安全检查。

② 除特殊许可的登机人员外，必须出示证件后，方可登机。

③ 航班过站停留期间，客舱内的所有箱、柜门应保持关闭。

④ 航班过站停留期间，由乘务长指派客舱乘务员对客舱进行安全监控。

三、飞行实施阶段

飞行实施阶段是指从第一位乘客登机到乘客到落地清舱，是乘务员在执行航班过程中任务最重，工作量最大的阶段。乘务员在确保客舱安全的同时，还要为旅客提供最优质的服务。

1. 起飞前

（1）乘客登机。

① 乘务员在指定的工作岗位上欢迎、问候、数客。

② 协助旅客寻找座位，及时疏通过道引导尽快旅客就座。

③ 协助旅客合理摆放行李，关上行李箱并锁好，同时观察确认行李数量、尺寸、重量是否符合载重限制。注意过多、过大、过重的行李处理。

④ 注意观察登机乘客的情况，发现有异常（醉酒、孕妇等）乘客及时报告乘务长。

⑤ 提供特殊旅客服务。

⑥ 出口座位旅客评估。

⑦ 舱门操作（关舱门、滑梯预位、互检、报告）。

关闭舱门前，乘务长完成下列工作：

- 全体机组成员完成地面工作并已登机。
- 确认所有文件已到齐，确认《客舱记录表》已放回机上，与地面值班人员核实乘客人数。
- 确认坐在出口座位的乘客具备相应能力，已阅读安全须知卡，并愿意承担其中规定的义务。
- 确认客舱所有行李都已按规定储藏、所有旅客已坐好。
- 向机长报告客舱准备情况及特殊旅客信息，请示机长关舱门，得到允许后关闭舱门。如客舱安全准备工作未完成，应及时向机长汇报，并讲明预计关闭舱门的时间。
- 关闭舱门前，与地面工作人员确认机舱外的状况，相互确认后，关闭舱门。

舱门关闭后，乘务长的工作如下：

- 乘务长观察外部廊桥、客梯已撤离飞机，通过客舱广播系统下达滑梯预位指令。
- 各区域客舱乘务员依照乘务长指令操作滑梯预位，并相互检查。
- 各舱门滑梯预位后，各区域乘务员依照乘务长指令，通过内话系统报告滑梯预位情况。
- 乘务长确认滑梯预位完毕，在飞机推出之前客舱准备完毕之后，通过内话系统报告驾驶舱飞行机组，客舱已做好飞机推出前的准备。
- 机长决定飞机推出前必须确认上述信息沟通已完成。
- 客舱广播员对客舱广播关闭电子设备，客舱乘务员确认所有电子设备已关闭。

（2）起飞前。

① 欢迎词广播、乘务组自我介绍。

② 播放客舱安全演示视频或人工演示。播放视频期间乘务员应监控播放情况，在不干扰旅客观看的同时，随时做好回答旅客询问的准备，并监控旅客动态。

③ 客舱安全检查。

客舱区域：整理行李架并关闭，提示旅客打开遮光板，调直座椅靠背，系好安全带，收起小桌板，应急出口无行李，不能使用充电宝，取下耳机等。

厨房区域：关闭厨房电源、固定好设备及松散物品、门帘收起并扣好。

卫生间区域：关闭卫生间马桶盖，锁闭卫生间门。

④ 内话报告客舱安全检查情况。

⑤ 按要求进行客舱灯光调节。

⑥ 乘务员回到自己的座位、系好安全带、默想应急撤离程序、等待飞机起飞。根据民航局正式颁发的96号文件《关于加强客舱安全管理工作的意见》,要求在飞机起飞后20分钟和落地前30分钟客舱乘务员不得从事与客舱安全无关的工作，只能履行安全职责。

默想应急撤离程序包括：

- 应急设备的位置及使用方法；
- 应急撤离具体程序；
- 防冲击姿势。

⑦ 确认观察窗打开，在飞机滑行起飞过程中对客舱进行有效监控。

2. 平飞后

（1）第一时间打开卫生间的门锁。

（2）发送书报、毛毯。

（3）按要求清洁卫生间，保持镜面、台面周围、水池、马桶周围及地面洁净，保持卫生间无异味、无积尘、无积水、无阻塞、无杂物、无水渍。

（4）及时检查和补充卫生间各类服务供应品。

（5）关上厨房门帘，开始烤制餐食、冲泡茶水咖啡，提供冷热饮服务。

（6）按标准摆放水车、餐车，提供餐食服务，优先提供特殊餐食。

（7）添加饮料，回收餐具及垃圾。

（8）巡视客舱积极维护客舱秩序，关注客舱动态。

（9）提供特殊旅客服务。

（10）根据需要调整客舱灯光和温度。

（11）各类客舱广播：餐前广播，颠簸提示等。

（12）飞行中客舱工作需要注意以下事项：

① 在“系好安全带”灯熄灭时，广播通知乘客仍然需要继续系好安全。

② 客舱乘务员全程监控驾驶舱门（有航空安全员的航班由安全员负责）、客舱、卫生间、应急出口舱门的安全。

③ 停放餐车时，应刹车固定。

④ 按照规定程序操作机上设备。

⑤ 发生紧急情况时，按照机长指令执行应急程序。

⑥ 关闭、锁住行李箱和柜门。

⑦ 按规定使用和停放餐车：

- 飞机在地面移动前，所有餐车必须放在规定的位置并固定好；
- 在客舱内的餐饮车必须有人监管；
- 使用完毕的餐饮车必须收回固定好。

⑧ 垃圾处理：

- 检查厨房和卫生间垃圾箱完好；
- 垃圾箱不使用时必须盖好；
- 卫生间内及应急出口处不得堆放杂物和垃圾。

⑨ 异常情况处理：在飞行中的任何时间，发生劫机等异常事件或发现异常声音时，客舱乘务员立即向乘务长报告，乘务长立即向机长报告。

（13）经济舱餐饮。

① 航线相关定义：

- 超短程航线：1 小时（含）以内航线；
- 短程航线：1 ~ 2 小时（含）航线；
- 中短程航线：2 ~ 4 小时（含）航线；
- 中程航线：4 ~ 6 小时（含）航线；
- 远程航线：6 小时以上航线。

② 国内航线提供餐饮时间标准：

- 06:30—09:00 提供早餐；
- 11:00—13:30 提供正餐；
- 17:00—20:00 提供正餐。

③ 餐饮服务基本原则：

- 饮料及各类用品妥善放置在抽屉内；
- 要求餐饮基本同步；
- 遵循从前往后的服务原则。

3. 着陆前

（1）下降前广播。

（2）客舱安全检查。

① 客舱区域：确认行李架扣好，动态评估出口座位旅客，特殊旅客服务，提示旅客打开遮光板，调直座椅靠背，系好安全带，收起小桌板，应急出口无行李，不能使用充电宝，取下耳机等。

② 厨房区域：机供品回收并填写机供品回收单、关闭厨房电源、固定好设备及松散物品、门帘收起并扣好。

③ 卫生间区域：关闭卫生间马桶盖，锁闭卫生间门。

（3）内话报告客舱安全检查情况。

（4）按要求进行客舱灯光调节。

（5）乘务员回到自己的座位，系好安全带，默想应急撤离程序，等待飞机起飞。

（6）确认观察窗打开，在飞机下降过程中对客舱进行有效监控，提醒和劝阻旅客不要急于起身，直至系好安全带指示灯熄灭、飞机完全停稳。

4. 落地后

（1）舱门操作（关舱门、滑梯预位、互检、报告）。

（2）打开音乐，送别旅客，提示旅客带好随身行李。

（3）提供特殊旅客服务。

（4）填写交接单，回收供应品。

（5）清舱检查：检查洗手间、衣帽间、客舱内是否有旅客遗留物品，如有需要则按程序完成遗留物品交接。

（6）飞行中应急医疗事件报告程序与要求如下。

① 飞行中应急医疗事件包括下列情况：

- 使用了机上应急医疗箱；
- 由于人员伤病造成的飞机改航备降；
- 机上人员的死亡。

② 公司客舱服务部门应保存机上应急医疗事件记录 24 个月，这些记录应当说明使用应急医疗箱的情况、使用人和该次应急医疗事件的结果。

③ 乘务长将飞行中的应急医疗事件填写在“机上紧急事件报告单”，向客舱服务部门报告。

（7）机上紧急事件的报告。

① 飞行中发生的紧急事件都要以书面形式报告给本单位业务主管部门，紧急事件包括下列情况：

- 机上人员中毒、受伤、烫伤、死亡；
- 乘客不遵守安全规定、非法干扰；
- 乘客威胁劫机、损坏机载设备、吸烟、拒绝服从机组指令；
- 紧急撤离、烟雾火警、释压、滑梯展开。

② 报告的形式：

- 乘务长及时向客舱管理部门上报《机上紧急事件报告单》；
- 报告中应详细陈述事件的过程、导致事件的原因和采取的措施，特别是事件发生的时间、地点、乘客姓名和地址，目击者姓名和地址，客舱乘务员和乘客受伤情况；
- 报告要客观、准确、完整；
- 填写“机上紧急事件报告单”时，乘务长将情况报告机长，并由机长签字。

四、航后讲评阶段

在每一段航班任务结束以后，乘务长都要组织当班乘务组对本段飞行任务的完成情况进行讲评。乘务长会针对本次航班各项工作中出现的问题，进行具体分析，提出有针对性的整改建议和措施，给予乘务员合理的批评和表扬，并根据每位乘务员的工作情况进行打分。

练 习 题

一、选择题

1. 乘务员登机后至乘客登机前的准备工作，是乘务工作的四个过程之一，指的是（　　）阶段。

A. 预先准备　　B. 直接准备

C. 飞行实施　　D. 航后讲评

2. 检查客舱应急设备时段在（　　）阶段。

A. 预先准备　　B. 直接准备

C. 飞行实施　　D. 航后讲评

3. 关闭舱门后，乘务长完成下列工作，不包括（　　）。

A. 乘务长观察外部廊桥、客梯已撤离飞机，通过客舱广播系统下达滑梯预位指令

B. 监督各区域客舱乘务员依照乘务长指令操作滑梯预位，并相互检查

C. 乘务长确认滑梯预位完毕，在飞机推出之前客舱准备完毕之后，通过内话系统报告驾驶舱飞行机组，客舱已作好飞机推出前的准备

D. 确认坐在出口座位的乘客具备相应能力，已阅读安全须知卡，并愿意承担其中规定的义务

4. 标准操作流程的英文简称是（　　）。

A. SAP　　B. SOP

C. COP　　D. CAP

5. 乘务员应在航班起飞前（　　）分钟前完成直接准备工作。

A. 60　　B. 50

C. 40　　D. 30

二、简答题

1. 分别描述1～6号位乘务员的号位职责。

2. 简述调节客舱灯光的注意事项。

3. 分别描述1～6号位在飞行实施阶段的站位。

4. 描述乘务工作四个阶段的具体内容。

5. 讨论在乘务工作的四个阶段中，乘务员之间的相互配合协作具体涉及哪些工作细节？

6. 请将不同的号位职责融入乘务工作的四个阶段当中。

7. 用英文描述飞行的不同阶段。

PHASES OF FLIGHT

The following flight phases are applicable to cabin operations (From passenger boarding to disembarkation) .

1. Boarding
2. Push back
3. Taxi Before Takeoff
4. Takeoff and Initial Climb
5. Final Climb
6. Cruise
7. Top of Descent
8. Approach
9. Final Approach and Landing
10. Taxi After Landing
11. Disembarkation
12. After Passenger Disembarkation

1. BOARDING: Begins when the first passenger enters the aircraft, and ends when all the aircraft doors have been closed.

2. PUSHBACK: Begins when the jet way is removed, and ends when the aircraft pushed back.

3. TAXI BEFORE TAKEOFF: Begins with the push back from the gate, and ends when the aircraft begins the takeoff roll.

4. TAKEOFF AND INITIAL CLIMB: Begins when the takeoff roll starts, (all people onboard are seated with their seat belts fastened) and ends when the cabin crew are allowed to leave their seats.

5. FINAL CLIMB: Begins when the cabin crew leave their seats, and ends when seat belt signs are switched off, after climb.

6. CRUISE: Begins when the seat belt signs are switched off and ends when the seat belt signs are switched on before descent.

7. TOP OF DESCENT: Begins when the aircraft starts to descend, and ends before the approach.

8. APPROACH: Begins at 10 000 ft (approximately 10 minutes before touchdown), and ends with the cabin ready signal to the cockpit crew.

9. FINAL APPROACH AND LANDING: Begins when the cabin crew are required to take their seats and to end when the aircraft leaves the active runway.

10. TAXI AFTER LANDING: Begins when the aircraft leaves the active runway, and ends when the seat belts signs are switched off after the final parking position is reached and the aircraft is at a complete stop.

11.DISEMBARKATION: Begins when the jet way is positioned, and ends when the last passenger has left the aircraft.

12.AFTER PASSENGER DISEMBARKATION: Begins when all passengers have disembarked, and ends either at the next boarding, or when the cabin crew leaves the aircraft.

Note: The critical phases of flight are 3, 4, 9 and 10: Taxi before Take off, Take off and Initial climb, Final Approach and Landing, Taxi after Landing.

CABIN CREW TO FLIGHT CREW COMMUNICATION DURING CRITICAL

The critical phases of flight, refers to all ground operations involving taxi, takeoff, and landing and all flight operations when the aircraft is below 10 000 ft. The aim of the sterile cockpit policy is to enable the flight crew focus on their duties without being distracted by non-flight related matters. During the critical phases of flight, the sterile cockpit policy is applied. Therefore, calls from the cabin crew or entry into the cockpit are restricted to: Safety and security related matters.

The following are some examples of safety-related situations:

— Fire or smoke in the cabin

— Abnormal noises or vibrations

— Observation of fuel or other fluid leaks.

Note: In normal operations, the Purser communicates with the flight crew on behalf of the cabin crew. In the case of an abnormal or emergency situation being discovered, the first cabin crew member to discover a safety-related situation must report it the flight crew.

（CRITICAL PHASES OF FLIGHT）

The Sterile Cockpit Rule is an FAA regulation requiring pilots to refrain from non-essential activities during critical phases of flight, normally below 10 000 feet. The FAA imposed the rule in 1981 after reviewing a series of accidents that were caused by flight crews who were distracted from their flying duties by engaging in non-essential conversations and activities during critical parts of the flight. One such notable accident was Eastern Air Lines Flight 212, which crashed just short of the runway at Charlotte/Douglas International Airport in 1974 while conducting an instrument approach in dense fog. The National Transportation Safety Board (NTSB) concluded that a probable cause of the accident was distraction due to idle chatter among the flight crew during the approach phase of the flight. Similar is the case of Colgan Air Flight 3407 in 2009.

THE RULES

The following is the actual text from U.S. FAR 121.542/135.100, "Flight Crewmember Duties"

No certificate holder shall require, nor may any flight crewmember perform, any duties during a critical phase of flight except those duties required for the safe operation of the aircraft. Duties such as company required calls made for such non-safety related purposes as ordering galley supplies and confirming passenger connections, announcements made to passengers promoting the air carrier or pointing out sights of interest, and filling out company payroll and related records are not required for the safe operation of the aircraft.

No flight crewmember may engage in, nor may any pilot in command permit, any activity during a critical phase of flight which could distract any flight crewmember from the performance of his or her duties or which could interfere in any way with the proper conduct of those duties.

Activities such as eating meals, engaging in nonessential conversations within the cockpit and nonessential communications between the cabin and cockpit crews, and reading publications not related to the proper conduct of the flight are not required for the safe operation of the aircraft.

For the purposes of this section, critical phases of flight include all ground operations involving taxi, takeoff and landing, and all other flight operations conducted below 10 000 feet, except cruise flight.

Standard Operation Procedure (SOP)

（直接准备阶段）

PREFLIGHT BRIEFING

The Pre-Flight Briefing is the starting Block for a high-performance crew. The aim of the briefing is to organize the crew activities, to ensure that the workload is evenly distributed among the crew.

WHO

— The Purser conducts the Pre-Flight Briefing.

— The entire cabin crew attends the Pre-Flight Briefing.

WHY

— To highlight:

- Safety and security standards
- Cabin crew performance expectations
- The chain of command

— To encourage:

- A high level of safety
- Communication/Crew Resource Management (CRM)
- Teamwork
- Crew coordination

WHAT the Pre-Flight Briefing must include:

— Cabin crewmember introduction and welcome.

— An introduction to the flight crew, if possible. (If it is not possible to meet the flight crew during the cabin crew briefing, the Purser must brief with the flight crew on board the aircraft.)

— Flight information (aircraft type, aircraft status, flight number, flight destination, flight duration) .

— The allocation of cabin crewmember briefing areas and responsibilities. The Purser should take into consideration the rank and operating experience of the cabin crewmember.

— The allocation of cabin crewmember commercial tasks (galleys, lavatories).

— Cabin crew cooperation aspects:

- Discipline, responsibilities, chain of command and reporting.
- Importance of crew coordination and communication.

— An in-flight safety review includes: Exit-row seating requirements / identifying Able-Bodied Passengers (ABP).

- The need for constant situational awareness.
- The importance of silent review.
- Sterile cockpit rules and guidelines.
- A reminder to report unusual occurrences.

WHERE

— In a designated briefing room, or on board the aircraft.

WHEN

— At the beginning of each duty period.

— At a time that is specifically reserved for this purpose.

HOW it will be done?

— The Purser must prepare the safety briefing in advance, the briefing should be relevant, and appropriate to the flight.

— The Purser must welcome the crew.

— All cabin crewmembers should be able to see and hear the Purser.

— The Purser should speak clearly.

— It is important that every cabin crewmember knows their allocated work position, and their safety responsibilities.

— The briefing should be understood by all the cabin crewmembers.

— Give the cabin crewmembers the opportunity to ask question.

— The Purser must respect time constraints.

GROUND CHECK

The ground check procedures should be performed in accordance with Operator policies, procedures and local Aviation Authority requirements.

The ground check procedures are usually performed before the departure of flights from originating stations and transit stops when a crew change has taken place.

Cabin crew should check the operation of the different systems.

PANEL LIGHT TEST ON FAP

— PNL LIGHT TEST . . . . PRESS

To check all the lights of the FAP panel.

EMERGENCY LIGHT ACTIVATION

This check should be performed with one cabin crew located at the FAP, and the others located at each evacuation area:

— FAP's EMER PUSHBUTTON . . . . PRESS

— The cabin crew should check whether the emergency lighting system is properly operating in all of the different zones: exit signs, exit lights, emergency ceiling lights and escape path marking system.

— CABIN CREW . . . . REPORT

— FAP's EMER PUSHBUTTON . . . . PRESS

SYSTEMS CHECK

The cabin crew should check the FAP CIDS caution button if CIDS caution light is illuminated on PTP:

— CABIN CREW . . . . CHECK THE DISPLAYED SYSTEM PAGE

For more information about the failure, the cabin crew should check the related system page.

— CABIN CREW . . . . REPORT TO MAINTENANCE

WATER/WASTE QUANTITY

The cabin crew should check the water/waste quantity before departure.

The water/waste quantity check is performed using the FAP.

WASTE QUANTITY

— WASTE QUANTITY . . . . CHECK

The waste tank should be empty before the aircraft departure.

WATER QUANTITY

— WATER QUANTITY . . . . CHECK

Ensure that the quantity of water available is sufficient for the amount of passengers, and the expected duration of flight.

Note: Any discrepancies or malfunctions (Blue cards) must be reported to the flight crew and maintenance as early as possible.

The water and waste quantities must be confirmed to the flight crew as correct before departure.

<u>PASSENGER ADDRESS TEST</u>

DIRECT PA FROM ANY STATION TO ALL LOUDSPEAKERS

This PA is addressed to all cabin zones, attendant stations.

— HANDSET INTERPHONE . . . . HOOK OFF

— PTT PUSHBUTTON ONLY . . . . PRESS

The DIRECT PA indication appears on the upper line of calling AIP.

— ANNOUNCEMENT . . . . START

On all other AIPs, the DIRECT PA IN USE message appears on the lower line.

Note: This direct passenger announcement system should only be used for urgent messages.

<u>PASSENGER CALL TEST</u>

TRANDOM PASSENGER CALL TESTS SHOULD BE PERFORMED IN EACH

CABIN ZONE

— On the PSU, CABIN CREW CALL BUTTON . . . . PRESS

— On the PSU, check that the corresponding seat row numbering light illuminates.

— On the ACP of the corresponding zone, check that the blue light is on.

— On the AIP of the corresponding zone, check that a CALL SR XX

LH/RH message appears on the AIP’s lower line.

— At the cabin crew and all passengers loudspeakers of the applicable zone, check that a HI1 tone audio chime is triggered.

— Repeat this check at random in all of the cabin zones.

RANDOM PASSENGER CALL TESTS SHOULD BE PERFORMED IN LAVATORIES

— In lavatory, on LSU, CABIN CREW CALL BUTTON . . . . . PRESS

— The amber light of the respective lavatory is on, located on the outside wall-mounted PAX call indicator. On the ACP of the corresponding zone, check that the amber light is on.

— On the AIP of the corresponding zone, check that a LAV XX message appears on the AIP's lower line.

— At the cabin crew and all passengers loudspeakers, check that a HI1 tone audio chime is triggered.

— Repeat this check in other (s) lavatory (ies).

<u>INTERPHONE CALL TEST - CABIN TO CABIN</u>

PURSER CALLS TO ALL ATTENDANTS STATIONS

— FWD L HANDSET INTERPHONE . . . . HOOK OFF

— INTPH+ALL . . . . DIAL

— Check that the "ALL ATTND" indication appears on the upper line of the FWD L AIP.

— On the ACP of all cabin crew stations, check that the red light comes on steady.

— Check that a HI1-LO1 chime triggers at all cabin crew loudspeaker stations as well as all passengers loudspeakers.

— On the AIP of all cabin crew stations, check that a "CALL ATTND 1 L" message appears, and that steady green indicator comes on.

— ALL CABIN CREW STATION HANDSET INTERPHONES ... HOOK OFF

— COMMUNICATION . . . . START

— ALL CABIN CREWS . . . . REPORT

INTERPHONE CALL TEST - CABIN TO COCKPIT

CABIN CREW CALLS TO THE COCKPIT

— HANDSET INTERPHONE . . . . HOOK OFF

— CAPT . . . . DIAL

Check that the "CAPTAIN" indication appears on the upper line of the AIP.

On the cockpit ACPs, the ATT lights flashes and a buzzer sounds (1 × 3 sec) .

EMERGENCY CABIN CREW CALLS TO THE COCKPIT

— HANDSET INTERPHONE . . . . HOOK OFF

— EMER CALL . . . . DIAL

— Check that the EMER CALL indication appears on the calling AIP.

The legend flashes on EMER push button of the cockpit's call panel.

On the cockpit ACPs, the ATT light flashes and a buzzer sounds (3 × 3 sec) .

— ACP FWD CALL BUTTON . . . . PRESS

In the cockpit, use the ACP to communicate.

In the cabin:

— On the ACP of FWD cabin crew station, check that the red light comes on steady.

— Check that a HI1-LO1 chime triggers at all cabin crew loudspeaker stations as well as all passengers loudspeakers.

— On the AIP of the FWD station, check that a CALL CAPTAIN message appears on the AIP's upper line, and that a steady green indicator comes on.

— FWD CREW STATION HANDSET INTERPHONE . . . .HOOK OFF

— PURSER . . . . REPORT

<u>DEPARTURE PROCEDURES</u>

— PURSER . . . . CALL CABIN CREWS

Purser calls cabin crews via the PA.

— ALL DOORS LOCKED . . . . CHECK

— SLIDE ARMED . . . . ORDER

ARMING PROCEDURE

— SAFETY PIN (with red flag) . . . . REMOVE AND STOW

Safety pin is stowed in a hole located on the support arm. The red flag must be stowed (not hanging) .

— ARMING LEVER . . . . PUSH DOWN TO ARMED MODE

The arming lever is armed, when it is in the section labelled "ARMED".

Note: When the door is in the "ARMED" mode, the "cabin pressure warning light" does not illuminate to indicate cabin differential pressure.

The door is now ready for flight.

DOOR/EXITS CHECK

Before each flight, the cabin crew must perform the following checks:

— ALL DOORS LOCKED AND ARMED . . . . CHECK

— CROSSCHECK ALL DOORS . . . . CONDUCT

Note: Emergency exits remain armed at all times.

DOORS/EXITS FAP CHECK

Purser checks the status of the doors/exits on the PTP:

— SYSTEM STATUS .SELECT

— DOORS PAGES . . . . SELECT

— ALL DOORS LOCKED . . . .CHECK

— SLIDES PAGES . . . . SELECT

— ALL SLIDES ARMED . . . . CHECK

CABIN READY NOTIFICATION

When the cabin is ready for departure, the purser must notify the cockpit crew.

— CABIN READY . . . . NOTIFY THE CAPTAIN

On the FAP, if the CABIN READY function is available:

— CABIN READY PUSHBUTTON . . . . PRESS

PURSER . . . . CALL CABIN CREWS

Purser calls cabin crews via the PA.

— SLIDE DISARMED . . . . ORDER

DOORS DISARMING PROCEDURE

— ARMING LEVER . . . . LIFT IN DISARMED POSITION

Once the door is disarmed:

— SAFETY PIN (with red flag hanging) . . . . REPLACE

DOORS/EXITS CHECK

At arrival, the cabin crew must perform the following checks:

— ALL DOORS DISARMED . . . . CHECK

— CROSSCHECK ALL DOORS . . . . CONDUCT

Note: Emergency exits remain armed at all times.

DOORS/EXITS FAP CHECK

Purser check the status of the slides on the PTP.

— SYSTEM STATUS . . . . SELECT

— SLIDES PAGE . . . . SELECT

— SLIDES DISARMED . . . . CHECK

CABIN CREW SAFETY-RELATED DUTIES PRE-PASSENGER BOARDING

PURSER CABIN CREWMEMBERS

Pre-flight check of emergency equipment.

Perform security checks, if required.

— Report to Purser: Emergency equipment discrepancies found during the pre-flight checks.

End of Pre-Passenger Boarding.

飞行实施阶段

CABIN CREW SAFETY-RELATED DUTIES DURING BOARDING

PURSER CABIN CREWMEMBERS

— Go to assigned boarding station

— Brief Passengers

— Go to assigned boarding stations

— Assist unaccompanied minors, handicapped persons, families

— Monitor the amount of baggage and ensure correct stowage (overhead bins, under seats)

— Check that exits and escape paths are clear of obstructions.

— Check that aisles and cross-aisles are clear of obstructions.

— Distribute extension and /or baby seatbelts if necessary.

— Manage the passenger flow.

— Ensure that passengers comply with "No smoking" regulations, as applicable.

— Ensure that passenger seating complies with seating regulations, as applicable.

— Check that Able-Bodied Passengers.

(ABPs) that are seated at exits.

Report to Captain: Any unusual or abnormal situations.

Report to Purser: Any unusual or abnormal situations.

End of BOARDING End of BOARDING

CABIN CREW SAFETY-RELATED DUTIES BEFORE PUSH BACK

PURSER CABIN CREWMEMBERS

— Go to assigned door.

— Perform the Door Arming Procedure, and cross check the opposite door.

— Go to assigned door, or boarding stations.

— Perform the Door Arming Procedure, and crosscheck the opposite door.

— Acknowledge that door checks have been received.

— Check FAP DOOR page.

— Report to purser: Confirm that doors are armed and crosschecked Check that:

— Passengers are seated with seat belts fastened.

— Stowage of passengers and crew baggage complies with regulations

— lavatories are vacant and secured.

— Social areas are vacant and secured.

— Crew rest areas are vacant and doors are closed and locked.

— Galley are secured, all catering items are correctly stowed and latched.

— Exit and escape paths are clear of obstructions.

— Cabin curtains are open and secured Report to Captain: Confirm passenger count.

Report to Purser: Confirm passenger count.

CABIN CREW SAFETY-RELATED DUTIES DURING TAXI BEFORE TAKEOFF

PURSER CABIN CREWMEMBERS

— Go to assigned boarding station.

— Request crewmembers to take their "Passenger Safety Briefing" position.

— Go to assigned boarding station.

— Take "Passenger Safety Briefing" position.

— Perform the "Passenger Safety Briefing" announcement.

— Perform the "Passenger Safety Briefing".

Check that:

— Passengers are seated with their seat belts fastened.

— Stowage of passenger and crew baggage complies with regulations.

— All pre-departure service items are removed.

— Tray tables are in upright and locked position and cup holders are stowed.

— Seat backs are in upright position, armrests and footrests are correctly stowed.

— Lavatories are vacant and secured.

— Infant life vests are distributed.

— Social areas are vacant and secured.

— Crew rest areas are vacant, crew rest doors are closed and locked.

— Galleys are secured, and all catering items are correctly stowed.

— TV monitors and In-Flight Entertainment (IFE) equipment are stowed.

— Passengers comply with Portable Electronic Devices (PED) restrictions.

— Any equipment items are stowed as required.

— Exits and escape paths are clear of obstructions.

— Aisles and cross-aisles are clear of obstructions.

PURSER CABIN CREWMEMBERS

— Report to Captain: Cabin ready for takeoff. Press the CABIN READY on the FAP, if installed.

— Report to Purser: Cabin ready for takeoff.

Take designated crew seat and secure harness for takeoff.

— Adjust the cabin lighting.

— Take crew seat and secure harness for takeoff.

— Perform the silent review.

CABIN CREW SAFETY-RELATED DUTIES DURING TAKEOFF AND INITIAL CLIMB

PURSER CABIN CREWMEMBERS

— Remain seated until instructed by the cockpit crew to leave seats.

— Check that passengers are seated, with seat belts fastened.

— Remain seated until instructed by the cockpit crew to leave seats.

PURSER CABIN CREWMEMBERS

— Adjust cabin lighting

— Check lavatories

— Close cabin curtains

— Report to Purser

CABIN CREW SAFETY-RELATED DUTIES DURING CRUISE

PURSER CABIN CREWMEMBERS

— Purser may decide, in the absence of instructions from the cockpit crew, to discontinue non-safety related tasks during turbulence.

— Check regularly FAP.

— Frequently monitor lavatories, galleys and cabin (at least every 15 minutes) .

— Check that the fire detection systems have not been disabled or tampered with.

— Regularly report to Purser.

— Ensure passenger and crew compliance with all lighted signs, placards and crewmembers instructions.

— Ensure that passengers use only permitted electronic devices.

— Maintain communication with cockpit crew, Purser and cabin crewmembers.

— Enter cabin maintenance items and any emergency equipment use into the cabin logbook.

— Maintain communication with Purser.

— Inform purser of cabin maintenance items or use of any emergency equipment that should be entered in the cabin logbook.

— Report to cockpit crew: Any unusual or abnormal situations.

— Report to Purser: Any unusual or abnormal situations.

CABIN CREW SAFETY-RELATED DUTIES FROM TOP OF DESCENT

PURSER CABIN CREWMEMBERS

— Make preliminary announcement to start securing the cabin.

— Open cabin curtains.

Check that:

— Passengers are seated with seat belts fastened.

— Stowage of passengers and crew baggage complies with regulations, as applicable.

— Social areas are vacant and secured.

— Crew rests areas are vacant and door closed.

— Galleys are secured, and all catering items are correctly stowed.

— Any equipment items are stowed, as required.

— Commercial electrical equipment is off.

— Exits and escape paths are clear of obstructions.

— Aisles and cross-aisles are clear of obstructions.

— Complete and close the cabin Logbook.

— Report to Purser: Any cabin maintenance items and use of any emergency equipment.

— Ask for any special ground assistance.

— Request all updated arrival information.

CABIN CREW SAFETY-RELATED DUTIES DURING APPROACH

PURSER CABIN CREWMEMBERS

When the Fasten Seat Belt signs come on:

— Perform the Cabin Preparation for Landing announcement.

When the Fasten Seat Belt signs come on, ensure that:

— Passengers are seated with seat belts fastened.

— Stowage of passenger and crew complies with regulations.

—Ensure passenger and crew compliance with all lighted signs, placards and crewmember instructions.

—Tray tables are in the in upright position and cup holders are stowed.

—Seat backs are in the upright position, armrests and foot-rests are correctly stowed.

— Lavatories are vacant and secured.

— Social areas are vacant and secured.

— Galleys are secured, and all catering items are correctly stowed.

— TV monitors and In-Flight Entertainment (IFE) equipment are stowed.

— Passengers comply with Portable Electronic Devices (PED) restrictions.

— Any equipment items are stowed, as required.

— Exits and escape paths are clear of obstructions.

— Aisles and cross-aisles are clear of obstructions.

— Report to the cockpit crew: Cabin ready for landing. Press the CABIN READY FAP push button, if installed.

— Report to Purser: Cabin ready for landing. Take designated crew seat and secure harness for landing.

— Adjust the cabin lighting.

— Take designated crew seat and secure harness for landing.

— Perform silent review.

CABIN CREW SAFETY-RELATED DUTIES DURING FINAL APPROACH AND LANDING

PURSER CABIN CREWMEMBERS

— Remain seated until instructed by the cockpit crew to leave seats.

— Perform the silent review.

CABIN CREW SAFETY-RELATED DUTIES DURING TAXI AFTER LANDING

CAUTION

The cabin crew must remain seated (except to perform a safety related duty) until the aircraft arrives on to the stand.

PURSER CABIN CREWMEMBERS

— Remain seated at designated crew station.

Perform the Door Disarming procedure and cross check with the opposite door.

— Acknowledge doors checks when received

— Check the FAP to verify all doors are disarmed.

Perform the Door Disarming procedure and cross check with the opposite door.

— Report to Purser: Confirm that doors are disarmed and crossed checked.

CABIN CREW SAFETY-RELATED DUTIES DURING DISEMBARKATION

PURSER CABIN CREWMEMBERS

— Go to disembarking station.

— Go to assigned disembarking station.

— Manage the flow of passengers.

— Ensure that passengers comply with No Smoking regulations, as applicable.

— Disembarkation of disabled passengers.

— Perform general cabin check (galleys, lavatories)

— Report to Captain

— Report to Purser

第四章　民航特殊旅客服务

一、特殊旅客的定义

特殊旅客指由于各种原因需要在飞行中得到特殊照顾的旅客，包括老弱病残、晕机、休克与死亡的旅客，以及限制旅客，遗失物品的旅客。

二、特殊旅客乘机规定及服务要点

1. 儿童旅客（有、无人陪伴）

（1）乘机规定。

① 年龄要求。

年龄范围在 5 到 12 周岁，且没有 18 周岁（含）以上成人陪伴的乘机儿童属于乘机过程中“无成人陪伴儿童”的类型。为了保障无成人陪伴儿童能够更加安全地乘机，监护人必须为 5～12 周岁单独出行的儿童办理无成人陪伴儿童服务相关手续。年龄不足 5 周岁的儿童及年龄不足 16 周岁的聋哑或失明儿童如需单独乘机时，大多数航空公司是不予承运的。

② 航空公司为无成人陪伴儿童提供的服务。

a. 为帮助孩子保管好所有旅行证件及登机牌物品，航空公司将为每位无成人陪伴儿童提供一个标志牌挂袋。

b. 孩子需持与购票时向航空公司提供的一致的有效旅行身份证件及无成人陪伴儿童乘机申请书。

c. 针对无成人陪伴儿童独自乘机的情况，航空公司一般会有专门的地勤服务人员协助其办理包括值机、海关、安检、行李托运等乘机手续，并负责陪同候机与保管相关文件凭证。

d. 登机后地面服务人员会和客舱乘务员进行交接，将无成人陪伴儿童的相关资料交予客舱乘务员，客舱乘务员会细心照料孩子，让他们有一个温馨愉快的旅程。如若出现航班延误的状况，会安排专人照顾孩子，并及时通知相应的监护人，如果航班临时取消，会及时与孩子的监护人联系接领孩子。

e. 航班到达目的地后，将有地面服务人员迎接孩子，并在确认接领人信息无误后，安全及时地与接领人办理孩子的交接手续。

（2）无成人陪伴儿童旅客的客舱服务要点。

① 事先准备。

事先应了解儿童旅客的相关情况。

② 无成人陪伴儿童旅客的交接。

地面服务人员把儿童旅客送上飞机，向乘务长说明其目的地和接收成人的姓名。乘务长保管其资料，直到落地后移交给地面工作人员或来接的成人。

③ 安排座位。

不要把儿童旅客安排在紧急窗口和紧急出口旁的座位上，应安排在乘务员照顾方便的座位上。

④ 飞行中的服务。

飞行过程中，乘务长指定一名乘务员主要负责照管儿童旅客，在饮食上尽量照顾其生活习惯和心理要求，经常观察是否有不适应或不舒服的感觉。

飞机下降时，叫醒正在睡觉的儿童，并妥善照料，以避免压耳。

飞机起飞、下降前，在小旅客腹部垫放一条毛毯后系好安全带。

对于好奇、活泼、淘气的儿童旅客不要训斥，应事先告诉他一些规定和要求。

⑤ 到站服务。

到达目的地后，向来接人员介绍儿童旅客的情况，如无人来接，要把儿童旅客的情况详细告诉地面服务人员，并将其所携带的物品点交清楚。

2. 携带婴儿的旅客

（1）乘机规定。

出生 14 日未满 2 周岁的婴儿乘坐飞机时应有年满 18 周岁的成人旅客陪伴同行。基于安全方面的考虑，对于出生不足 14 天的婴儿和出生不足 90 天的早产婴儿，航空公司不提供航空运输服务。

（2）携带婴儿旅客的服务要点。

① 上机服务。

乘务长事先指定一名乘务员帮助带婴儿的旅客提拿随身携带的物品，并对婴儿给予必要的照顾，但一般不要替旅客抱婴儿。

② 安排座位。

帮助带婴儿的旅客安排座位，为其妥善安排好随身携带物品，帮助带婴儿的旅客系上安全带并告诉其解开的方法，用小枕头垫在婴儿的头部。

③ 介绍客舱服务设备。

乘务员主动介绍客舱内服务设备的使用方法和为婴儿换尿布的设备，以及紧急设备的使用等。

④ 飞行中的细微服务。

调整好通风器，注意不要让通风口直接对着婴儿及其陪伴人员。

向陪伴人员征询婴儿喂食、水的时间和分量，有无特殊要求等，根据其要求协助冲好牛奶。

在卫生间内给婴儿换尿布，有的机型没有这种设备，可以在座椅上换。如舱内客满，为了不影响其他旅客，可在乘务员座椅上铺上毛毯，准备好清洁袋。换完后，把换下的尿布放入清洁袋扔到卫生间垃圾箱内。

下降时，告诉陪伴人员唤醒婴儿，以免压耳。让陪伴人员抱好婴儿并系好安全带，收好摇篮；帮助其整理好手提物品，穿好衣服。

⑤ 下机服务。

如果接收了婴儿车，在飞机停稳之后及时还给旅客。下飞机时，帮助旅客提拿随身携带物品，提醒其抱好婴儿。

3. 孕妇旅客

（1）乘机规定。

① 孕期不足32周，且身体健康、胎儿稳定，不属于医生诊断不适宜乘机者，但需要在购票、值机和登机时提供证明孕期的连续病历或经医院盖章的孕妇保健手册（大卡）复印件。

② 如果怀孕超过32周但不足36周，需在乘机前72小时内，前往医院开具诊断证明书，需要医院盖章和该院医生签字，并在购票、值机和登机时提供证明孕期的连续病历或经医院盖章的孕妇保健手册(大卡)复印件。

③ 为了孕妇和胎儿的安全，如果属于以下情形的，建议选择其他方式出行：

a. 乘机时怀孕36周（含）以上；

b. 乘机时预产期在4周（含）以内；

c. 有早产症状；

d. 预产期临近但无法确定正确日期，但已知为多胎分娩或预计有分娩并发症；

e. 产后不足7天。

④ 医疗证明。

开具诊断证明书时应注意，该证明书需在乘机前 72 小时内由医生签字和医院盖章，一式两份，内容包括旅客的姓名，年龄、怀孕时期、预产期、航程及日期、适宜于乘机以及在机上需要提供特殊照料的事项。

（2）孕妇旅客的服务要点。

① 登机服务。

主动帮助孕妇提拿、安放随身携带物品，注意调整通风器。

② 介绍客舱服务设备。

主动介绍客舱服务设备，起飞和下降前给孕妇在小腹下部垫一条毛毯或枕头。

③ 孕妇分娩。

乘务员参照紧急处理方案有关内容采取措施，同时报告机长，采取相应措施。

4. 病伤旅客

（1）乘机规定。

伤病旅客如需乘机出行，请提前告知直属售票部门，并请在购票及乘机时出示由县级或二类甲等及以上医院出具的医疗证明。医疗证明的开具日期应不早于最早乘机日期前 10 天（不含起飞当日）。基于安全方面的考虑，智力或精神障碍旅客在乘机时须有已满 18 周岁（含）且具有完全民事行为能力的旅客陪伴同行。

（2）病伤旅客的服务要点。

① 上肢伤残旅客的服务要点。

a. 上下机服务。

乘务员要主动帮助上肢伤残的旅客提拿和安放随身携带物品。

旅客就座后，应主动送上枕头或毛毯，垫在受伤者的胳膊下，帮助其系好安全带，并示范解开的方法。

b. 细微服务。

主动递送书报杂志，协助旅客穿、脱衣服。

在供应饮料和餐食时，帮助放好小桌子，在征得同意后，要帮助将肉类食物、水果切成小块，让旅客用叉子吃。

② 下肢伤残旅客的服务要点。

下肢伤残的旅客在上、下飞机时，应由乘务员搀扶、护送至座位，或用小推车、轮椅送上、下飞机。

在安排座位时，要考虑到旅客的舒适、安全和上下机的方便。乘务员要帮助旅客系好安全带并示范解开的方法。

在长途旅行中，应经常让患有关节炎的旅客站立或活动一下患病部位，并主动送上毛毯保暖。

③ 聋哑旅客的服务要点。

a. 介绍客舱服务设备。

当聋哑旅客登机后，乘务员应主动向他们示意安全带的使用方法，并介绍座椅调节、阅读灯、呼叫铃、耳机和按钮的位置。

b. 飞行中的服务。

聋哑旅客听不到客舱广播，因此乘务员要将延误或改航班等重要信息告知旅客。

④ 盲人旅客的服务要点。

a. 上机服务。

乘务员主动上前做自我介绍，热情搀扶盲人旅客。

b. 就座服务。

就座后，帮助安放手提物品，帮助系好安全带并讲解解开的方法。如旅客随身带有导盲犬，可放在盲人座位的前面。

c. 介绍客舱服务设备。

向盲人旅客介绍紧急设备的方向、位置及使用方法，触摸各种服务设备的位置，并教会其使用。

d. 飞行中的服务。

餐饮服务：供应餐食和饮料时，可将餐盘比作时钟，把餐盘内的各种食物等的位置告诉盲人。

细微服务：飞行中专人负责，经常询问盲人旅客的需求。

e. 下机服务。

了解到达站是否有人来接，主动送下飞机，交代地面人员给予照顾。

⑤ 脑出血旅客的服务要点。

为脑出血和半身不遂的旅客安排座位时，要特别注意由于患者丧失记忆，行动不便，对复杂的环境理解应对不了的情况，要了解患者瘫痪部位，使其行动方便的部位靠着通道。

在饮食上尽量避免辛辣及刺激性的食品。

患者体质较弱，抵抗力较差，因此，要主动送上毛毯，保暖患部，并预防感冒。

把颅脑疾病、手脚不灵、四肢麻痹的旅客安排在方便和适当的位上，避免弄坏开关设备，并主动帮助其系上安全带，让他坐得舒适，使其心情安定。

5. 担架旅客

（1）乘机规定。

在飞机起飞至降落整个航行过程中，如果旅客无法以直立姿势坐于座位上，可以向航空公司提出担架服务的申请。

如需要预订担架服务，在以下申请时限内向航空公司的航班始发地直属售票部门提出申请，经安排后方可承运，申请提前提出，不同公司的相关规定略有差异，在购票前仔细咨询。

a. 为了保证担架旅客旅途中的人身安全，建议至少安排一名年满 18 周岁的成年旅客或医务工作者全程陪同。

b. 一般一个航班只允许承载一名担架旅客，担架设备主要安排在经济舱。

c. 办理等继续手续最迟需要在起飞前 3 个小时到达值机柜台办理乘机登记手续。

① 医疗证明。

a. 手术后的旅客，适宜在手术 10 天（不含手术当日）后制定旅行计划，购票时须提供开具日期不早于最早乘机日期前 10 天（不含起飞当日），由县级或二类甲等及以上医院出具的医疗证明。医疗证明须注明“适宜乘机”字样。

b. 未手术的旅客，购票时须提供开具日期不早于最早乘机日期前 10 天（不含起飞当日），由县级或二类甲等及以上医院出具的医疗证明。医疗证明须注明“适宜乘机”字样。

c. 登机时，须出具 24 小时之内开具的医疗证明，该医疗证明表明该旅客适合乘机。

② 适用票价及税费。

由于担架安装需要占据一定的机上座位，担架旅客需要为此支付一定票价，具体票价金额及税费需要当面咨询航空公司相关工作人员。

（2）担架旅客的服务要点。

① 事先了解旅客状况。

② 上机安置服务。

担架旅客通常先上飞机。如担架随机，乘务员要协助将病人和担架安排在不影响过往通道的适当位置，如图 4.1 所示。如担架不随机，要在座椅上铺垫毛毯、枕头，根据病情让病人躺卧。

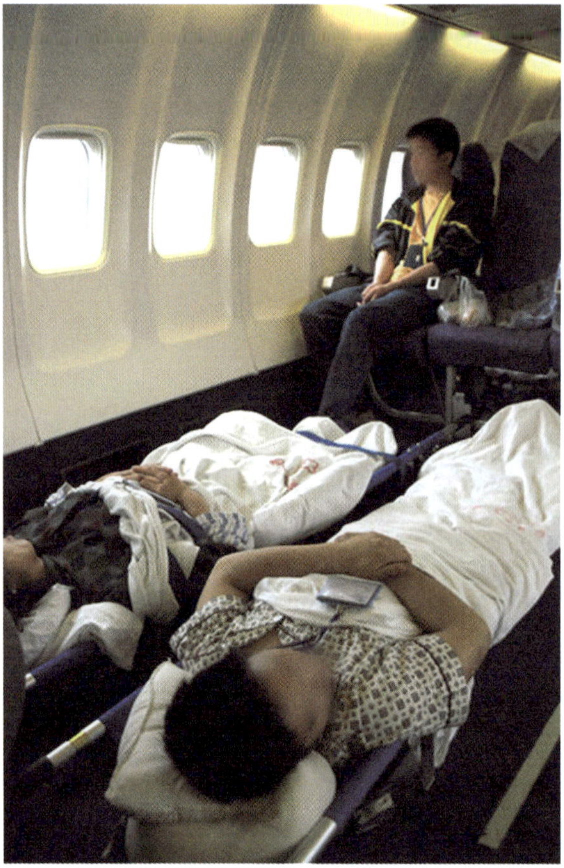

图 4.1　担架旅客

③ 飞行中的服务。

飞行中乘务长应指定专人负责，经常观察、询问病情，根据情况加以妥善照顾。

④ 到站服务。

到站后，让病人最后下飞机，协助整理、提拿手提物品，护送病人下机上车。

6. 老年旅客

（1）乘机规定。

对于行动不便的旅客，我们可提供免费的轮椅供您使用。航空公司的工作人员将根据您的身体情况为您提供相应的轮椅服务。

（2）老年旅客的服务要点。

① 安排座位。

热情搀扶需要帮助的老年旅客上、下飞机，主动帮助提拿、安放随身携带的物品，安排座位；帮助其系好安全带并示范解开的方法。

② 介绍客舱服务设备。

主动为其介绍客舱服务设备，如卫生间的位置及使用方法。

③ 细微服务。

上机后主动送上毛毯。乘务员应主动告诉其飞行距离、时间，介绍客舱服务设备。

旅途中，要经常去看望。

④ 餐饮服务。

尽量送热饮软食，主动介绍供应的餐食。

⑤ 送其下机。

搀扶其下机并交代地面服务人员给予照顾。

7. 更多特殊需求旅客

（1）VIP旅客。

① 上机服务。

要客登机时，应按要客单上的称呼致意，尊称其头衔；并尽快接过其手提行李、引导入座。

② 飞行中的服务。

在不影响其他旅客的前提下，为要客提供特殊服务。

③ 下机服务。

要客享有最先下机权。

（2）晕机旅客的服务。

① 根据症状让其松开领带、腰带和安全带等，帮助调整座椅靠背，打开通风器，让旅客安静休息，介绍清洁袋的使用方法。

② 及时送上温开水、毛巾，必要时在征求旅客同意的情况下提供晕机药品。对于晕机严重的旅客，可提供氧气。

③ 旅客呕吐时，可用手在旅客的后背自下往上推，及时更换清洁袋。旅客呕吐后，送上漱口的温开水和毛巾，及时擦净被弄脏的衣服、行李和地毯。

④ 如果座椅被弄脏，有条件时可为旅客调换座位；没有空座位时，可更换座椅套或擦干净后铺上毛毯再让旅客就座。

（3）需要特殊餐食的旅客。

除犹太餐以外的特殊餐食的预订，最迟须在航班起飞前 24 小时（含）提出申请。距航班起飞时间前 24 小时内，不接受任何特殊餐食的申请。对于犹太餐的预订，大部分航空公司要求在航班起飞前 96 小时（含）提出。

每个航班上每名旅客仅可申请一份特殊餐食，见表 4.1。对于携带婴儿旅客乘机的情况，除本人可申请一份特殊餐食外，还可以为订座记录中的婴儿旅客再申请一份婴儿餐（BBML）。

旅客登机后，要求乘务员对预定了特殊餐食服务的旅客进行确认，并提供提前送餐服务。

表 4.1 特殊餐食的种类及代码

特殊餐食名称	代码
素食 Vegetarian Meal	VGML
印度餐 Hindu Meal	HNML
犹太餐 Kosher Meal	KSML
儿童餐 Child Meal	CHML
溃疡餐 Blend and Soft Meal	BLML
糖尿病餐 Diabetic Meal	DBML
低盐餐 Low Sodium Meal	LSML
低胆固醇、低脂肪餐 Low cholesterol low Fat Meal	LFML
婴儿餐 Baby Meal	BBML
鲜水果生素餐 Row Vegetarian Meal	RVML
清真餐 Moslem Meal	MOML
无谷类餐 Gluten Free Meal	GFML

练 习 题

1. 简述特殊旅客的定义。
2. 描述无人陪伴儿童的年龄限制。
3. 简述孕妇旅客乘机规定。
4. 请各组准备演示章节中所列的特殊旅客的服务要点。
5. 请总结为特殊旅客服务在不同的客舱服务阶段的共同点有哪些内容？

第五章　民航客舱服务与人际沟通

第一节　人际沟通概述

一、人际沟通的概念、内涵

1. 人际沟通的概念

人际沟通的定义，学者们都是众说纷纭，各抒己见，从不同的角度提出不同的见解，给予其定义。总而言之，人际沟通是指在社会交往过程中，通过一定的信息渠道或媒介将信息（思想、意愿、知识、情绪和情感等）由信息发出者传递给信息接收者的过程。

2. 人际沟通的内涵

从定义出发，不难看出人际沟通的内涵主要体现为以下三个方面：

一是信息内容。人际沟通中的信息内容主要包括思想、意愿、情绪、情感和兴趣等。

二是信息传递过程。人际沟通过程是一个信息发出者和信息接收者彼此交互的过程，它是一个双向通道的信息传递，信息主体之间需要展现出足够的积极性，才能使信息传递下去，不至于中断。

三是信息传递的载体。信息传递必须要借助于统一的符号系统。要求信息发出者和信息接收者必须在同一“频道”上，拥有双方能够理解的语言符号及能正确识别的非言语符号，否则也是难以进行沟通与交流。

二、人际沟通的特征

1. 双向交互性

沟通的双方包括信息的发出者和信息接收者，在沟通过程中双方是双向通道信息来往，而不是单通道的信息传递，双方相互依存。双方要达成沟通意向，必须相互渗透，有所互动。信息的传递者和信息的接收者在不断的进行着角色互换，承担着双重角色。

2. 特定情境性

人际沟通总是存在于特定的场合，受到时间、人物、信息内容等各种条件的限制，这就是人际沟通的情境性的表现。通常，沟通双方总是在特定的情境下，转换两者之间交流的信息内容。

3. 空间接近性

人际沟通的发生需要信息发出者与信息接收者双方尽可能地在空间上接近，特别是非言语符号的有效识别。人际沟通的空间接近性比其他的沟通形式更具优势，沟通双方的交互程度更为显著。

4. 明确目的性

任何的人际沟通的发生，首先建立在明确的目的之上的。所有沟通信息的交互都是围绕目的的实现而展开的，所以沟通双方，不管采用什么样的方法、什么形式，什么途径，最终是实现目的。

5. 后天可塑性

人际沟通的能力在一定程度上受到遗传因素的影响，是出生便获得的能力，因此存在一定的个体差异，但同时人际沟通能力可以通过后天的沟通技巧学习及实践锻炼而得到提升。

三、人际沟通的功能

1. 情绪调节的功能

情绪调节的功能实际上属于心理调节或心理健康功能。人与人在沟通过程中，情绪情感的传递是一种非常重要的信息，作为个体，你对某些事情、事物或人持什么样的态度，是什么样的情绪、情感，总是倾向于外放，让人能够感受到。往往当你的情绪释放出来，尽管心情不会立刻变得愉悦，但是能起到一定的缓冲作用。

2. 人际关系维系功能

社会个体彼此之间的关系维系，必须要通过相互之间的良好沟通和联系来实现，借助于沟通的过程来保持、维系、发展人际关系。在经过一次的沟通后，也会决定双方后续关系维系的程度。

3. 自我认知功能

个体的自我认知是在社会化进程、人与人交往接触和社会实践活动中阶段性形成和发展的。具体而言，主要通过“以人为镜”的途径、角色扮演的方式以及比较评价的形式来完善自我认知，因此沟通起到不可忽视的作用。

四、人际沟通的类型

从不同的切入点及标准，人际沟通的类型分类较多，主要包括以下四种类型。

1. 直接沟通和间接沟通

按照沟通媒介的不同可以将人际沟通分为直接沟通和间接沟通。

（1）直接沟通。

直接沟通是指不经过任何的第三方的媒介传递，信息的发出者和信息接收者直接面对面地进行信息交换并沟通意见的形式，主要使用人类自身所固有的方式，如谈话、宣讲等方式。直接沟通由于是面对面的沟通方式，能够更直接对人的情绪情感进行感知，及时判断对话人彼此间的情绪反应，因此，这是人际沟通最常见的类型。

（2）间接沟通。

信息的发出者和信息接受者二者之间并非处于面对面的情境之中，而是需要借助于第三方的媒介来完成双方的沟通和交流，通常需要依赖电话、邮件、信件及视频等三方媒介实现，随着科技的不断创新，间接沟通的方式最大的优点便是快速、便捷与有效，是能够拓宽人际沟通的范围沟通形式。

2. 言语沟通与非言语沟

按照信息载体的不同可以将人际沟通分为言语沟通和非言语沟通。

（1）言语沟通。

苏联心理学家维果斯基指出："语言不仅是人与人之间的外部交流手段，而且还是我们用以思考以及表征、梳理和组织我们周围世界的内部手段"，语言在社会文化体系和社会生活中都处于核心地位。言语沟通需要借助于共同的语言文字，可以通过两种形式表现出来，分别是口头沟通和文字沟通。口头沟通是较为常见的一种，也是生活和工作中使用最多的沟通方式，人与人面对面的信息交换过程就是这一种；文字沟通，顾名思义就是利用文字或符号的形式进行的沟通方式，多为文件、信件、短信等。

（2）非言语沟通。

通常，研究者更倾向于关注言语沟通的探索，而忽视非言语沟通在人际沟通中所作出的贡献。非言语沟通是个体有意识或无意识地通过非语言文字、符号的方式传递信息或表达情绪、情感的过程。非言语沟通主要借助于肢体语言、面部语表情语言及副语言等沟通媒介表现出来，如身体的姿态、肢体间的接触频次、眼睛的位置、手脚放置的方位、目光的接触来表达喜爱或讨厌，表达二者亲密关系，如个体的语音、语调、音量大小、尖锐程度及说话的语速，也包含了不同的信息表达。如果说言语沟通更多都是传递思想和看法，非言语沟通更能表现信息沟通双方的情感内涵，能够有效的加强言语信息的内容，在一定程度上，非言语沟通比言语沟通所传递的信息更具真实性。

3. 单向沟通和双向沟通

从沟通过程中沟通的双方有无进行反馈情况，可以将人际沟通分为单向沟通和双向沟通。

（1）单向沟通。

单向沟通是指沟通双方在沟通的过程中，信息的发出者只是发出信息，而信息的接收者只是接收信息，不作反馈信息。比如说作报告、演讲或信息接收人主观上不反馈等形式。但实际上，绝对的单向沟通非常少见，信息接收者还是会通过某些媒介，或多或少地传递些许信息，所反馈的信息确实不多。

（2）双向沟通。

双向沟通是指沟通双方在沟通的过程中，信息的发出者只是发出信息，而信息的接收者只是接收信息，同时还应给信息发出者提供反馈信息，这种反馈信息是反复、多次的。比如讨论、谈判、谈话等形式。人际沟通的双向性，决定沟通交流的有效程度，因此，人际沟通中更多使用的是双向沟通。

4. 正式沟通和非正式沟通

从组织角度出发，可以将人际沟通分为正式沟通和非正式沟通。

（1）正式沟通。

正式沟通是指在企、事业单位等组织中，信息通过组织结构渠道进行传递与交流的沟通模式。如组织内的一些文件信息下发与传达、工作任务的安排与布置、信息收集上报等，这类的信息传递具有规范性、可靠性的特征。

（2）非正式沟通。

非正式沟通是指组织渠道外的信息传递与交流的沟通模式，多表现为以个人身份进行的沟通。如员工之间“小团体”模式的信息传递、朋友间娱乐活动形式中的谈话等，这类信息传递具有传递速度快、沟通方式多样化的特征。

第二节 客舱服务与人际沟通

一、客舱服务中的人际沟通

1. 客舱服务中的人际沟通的定义

人际沟通是具有一定情境性特征，也就是说人际沟通是发生在某些特定场景中的沟通交流行为，具体的时间、空间、人物等条件构成了人际沟通情境。因此，客舱服务中的人际沟通，主要指客舱乘务员为了实现高品质的客舱服务，在客舱服务流程中与客舱内人员之间进行的信息传递、信息接收和反馈的交流过程。

2. 客舱服务中的人际沟通的内涵

（1）人际沟通是为了实现高品质客舱服务。

实现高品质客舱服务的途径有很多，但是人际沟通绝对是重要的一环。人际沟通为客舱乘务员与客舱乘务员、客舱乘务员与旅客之间搭建了信息桥梁，首先是实现组织人员内部的信息交流，保证上传下达，合理分工，保障客舱服务工作的顺利开展；其次是动态了解旅客的实时需求，及时调整服务方向，把控服务细节，提升旅客乘机心理满意度。

（2）客舱中的人际沟通贯穿整个客舱服务流程。

客舱服务流程包括了四个阶段：预先准备阶段、直接准备阶段、飞行实施阶段和航后讲评阶段。在四个阶段中，其中飞行实施阶段是指旅客登机至旅客下机的整个服务段，是客舱乘务员与旅客进行面对面的、直接交流过程，是整个客舱服务流程中的关键环节，其余的三个阶段更多地体现在乘务长与客舱乘务员、客舱乘务员之间为客舱服务开展而进行的沟通环节，重要程度不可忽视，是为了在飞行实施阶段为旅客提供优质服务所做的前期准备，或为了下一次更好服务而进行总结的环节。整个客舱服务流程都离不开人与人之间的人际沟通。

（3）客舱中的人际沟通信息传递、信息接收和反馈的交流过程。

我们已经了解到人际沟通的分类，从不同的角度可以分成不同的类型。人际沟通的过程是信息发出、信息接收和反馈过程，重点应强调信息的反馈。我们以客服流程中的舱门操作程序为例，乘务长和客舱乘务员之间的沟通更多体现在操作指令和报告语言上，在正常情况下，乘务长下发操作指令后，客舱乘务员需按指令要求进行操作舱门，完成操作程序后需向乘务长报告，这里的双向沟通表现为：信息由乘务长发出，该信息由乘务员接收，乘务员的报告就属于反馈信息，乘务长收到反馈信息，是信息传递、信息接收和反馈完整的闭环过程。

一、客舱服务中人际沟通的重要性

客舱服务过程，实际上是客舱乘务员与其他角色的沟通互动过程。为了实现高质量、高标准的服务，客舱内的人际沟通的必要性不可忽视。客舱服务过程中人际沟通的重要性主要体现在以下几方面：

1. 人际沟通是客舱乘务员完成客舱服务工作的必要条件

客舱服务的整个流程，是客舱人与人之间的信息互换的过程。服务工作的完成，需通过人与人之间的沟通和交流来实现的。服务工作质量的高低取决于客舱中人与人之间的有效沟通，因此，客舱乘务员要完美地完成服务工作，其一，应做到工作信息的无差错。工作信息在客舱乘务员各号位之间，形成信息传递、接收与反馈的闭合过程；其二，应做到理解旅客需求信息。客舱乘务员要服务于旅客，同样需要完成客舱乘务员与旅客之间围绕“旅客需求”而展开的信息传递、接收与反馈的过程。不难看出，客舱中不同主体间的人际沟通是客舱乘务员完成客舱服务工作的必要保障，同时，人际沟通能力也是客舱乘务员所应具备的职业能力之一。

2. 人际沟通有利于解决客舱服务过程中的“客我”冲突

这里的“客我”冲突，主要是指客舱乘务员在服务过程中遇到旅客对服务不满意而引起的待解决的冲突。客舱属于封闭且相对狭小的空间区域，旅客往往会有一种约束感和压迫感，在日常较小的冲突会在一定程度上放大，甚至发展到不可挽救的地步，这需要客舱乘务员能够善于观察，拿出主动积极与旅客沟通互动的态度，实现“客我”之间的良性沟通，清楚明白地了解旅客真正的需求与意图，有利于解决客舱服务中出现的“客我”冲突，同时能够提升旅客的服务满意度。

3. 人际沟通能提升客舱机组人员彼此间的工作配合度

客舱乘务员在完成客舱服务工作时并不是单一个体的存在，通常，它是一个组合或一个团队的存在，也正因如此，团队之间使需要协作合作的。客舱的配合需要不同的沟通类型来完成，其中涉及乘务长与客舱乘务员二者间的沟通，是一种比较正式沟通类型，虽然没有通过纸质的文件形式传达，但是对客舱乘务员各号位的职责有明确的工作布置，相对而言较为规范；还有一种是客舱乘务员各个号位之间的沟通，彼此之间可能是熟悉的，有可能一点都不了解，在选择沟通类型时也存在差异性，比如熟悉的乘务员之间可能就一个眼神也会会意，而不熟悉的乘务员之间的沟通更强调语言沟通，且表达一定清楚。因此，人际沟通能提升客舱机组人员彼此间的工作配合度，更加有效的完成客舱服务工作，从而减少工作中的失误。

三、客舱服务中常见的人际沟通类型

客舱服务中的人际沟通虽然受到情境的限制，但其沟通类型并不是单一的，而是表现出复合型。

1. 客舱服务中的面对面的言语沟通

客舱服务中的面对面的言语沟通主要发生在客舱乘务员与旅客直接、面对面的服务情境中（见图 5.1）。面对面直接沟通时，涉及客舱乘务员和旅客之间可以通过言语进行沟通，客舱乘务员也能近距离通过非言语信息来补充言语信息的内容，是客舱服务中人际沟通最有效的一种类型，具有及时性特点。

图 5.1　面对面客舱服务

2. 客舱服务中的间接沟通

客舱服务中的间接沟通主要表现为客舱乘务员之间的内话、客舱的服务广播以及“暖心”便笺纸等（见图 5.2）。这一类型需要借助于第三方的媒介，借助于客舱内话数据系统，通过 PA 播放服务广播和通过内话来实现客舱乘务员之间的信息交流，而客舱常使用的便笺纸，在客舱服务中能起到意想不到的沟通效果，能帮旅客解决某些隐私问题。

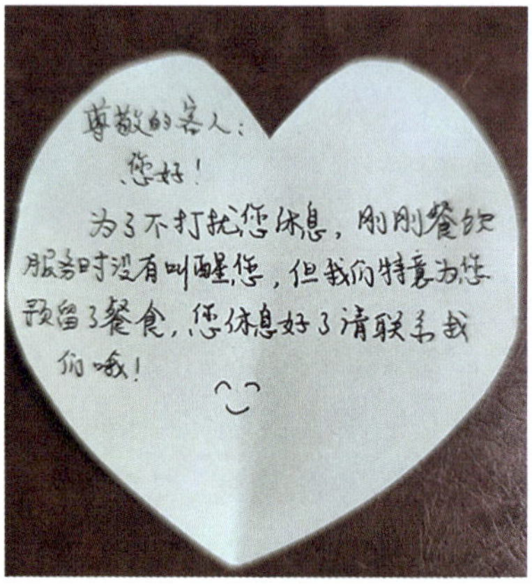

图 5.2　间接客舱服务

四、客舱服务中人际沟通的障碍

1. 客舱服务中人际沟通障碍的定义

人际沟通障碍是指信息发出者与信息接收者在信息传递的过程中，所传递的信息受到干扰或发生理解错误,而导致人际沟通的失效的现象。客舱服务中的人际沟通障碍是指在客舱服务情境中所发生的客舱乘务员之间、客舱乘务员与旅客之间，信息交流和传递过程中发生的沟通失效的现象。

2. 客舱服务中有效人际沟通障碍

（1）情绪状态。

关于情绪状态的定义有广义和狭义之分，此处主要指与情感相关心理状态的，如生气、快乐、恐惧等，人处于某一种情绪状态，就很难去理智地思考问题，这种非理性的情绪状态往往会影响到人对事物的客观判断。在客舱服务的人际沟通过程中，不管是客舱乘务员还是旅客，但凡有一方处于情绪状态中，双方很难进行沟通，这种情绪化的状态已经影响到了正常的沟通与交流；这个时候再去沟通，基本上是无效的。最好的处理方式是先冷静一下，或者换一位乘务员和旅客沟通。

（2）缺乏信任。

导致有效沟通的另一个因素就是信任缺乏。特别是在客舱服务过程中发生的旅客对服务不满的情况，不太相信乘务员能够有能力去解决一些问题，或者客舱乘务员过于年轻，人们带有一些倾向性的态度，这种信任实际上通常和威信相关，老员工可能更容易获得认可和信任，这个时候的沟通，乘务长出面沟通，会显得更加容易。

（3）缺少时间。

客舱服务中的人际沟通不畅，往往还受到时间的限制。从旅客开始登机，客舱乘务员就开始了马不停蹄的工作分工，其中要完成的服务程序不少，还包括一部分安全检查的任务，这个阶段如果旅客提出服务的需求，客舱乘务员很难及时满足，也没有过多的时间进行解释，同样会造成沟通障碍。

（4）沟通双方的个体性差异。

沟通双方，作为独立的个体，有其自身的个体特征，比如个性心理特征、年龄、学识、经验、表达能力等，都会造成沟通双方的频道不畅通，比如说一个只懂当地方言的老年人乘机遇到只能说普通话的客舱乘务员，这时信息发出者所发出的信息，不能被信息接收者正确的信息译码，实际就是典型的沟通障碍，因此，飞该航段的客舱乘务员中，应该配有懂得当地方言的客舱乘务员。

第三节　客舱服务中人际沟通的技巧

在客舱服务过程中，有效的人际沟通为高品质的客舱服务提供支撑，在客舱乘务员之间、客舱乘务员与旅客之间起到信息桥梁的作用。然而，部分客舱乘务员并没有掌握好人际沟通的技巧，缺乏应有的沟通技能，正因如此，常导致客舱乘务员与旅客之间的“误解”，客舱服务中的人际沟通技巧在客舱服务过程中才显得尤为重要。

一、人际沟通的技巧之一——有效倾听

1. 倾听的含义

倾听是指从他人的讲话信息中，译码信息并表现出对信息发出者意图的理解与解释的过程。倾听的过程由信息感知、信息的解析及信息的回馈三部分组成，有效的倾听的第一步需要完成对传送信息的感知阶段，其中包括了言语信息及非言语信息的全面感知，第二步需要对接收信息的全面解析，挖掘信息的更深层意图，第三步需要回馈信息，也就通过言语的或非言语的形式表达出你有倾听的行为反应。

2. 有效倾听的定义

有效倾听是一种“高层次”的倾听方式，通常我们也称之为“移情

倾听”，它比一般的倾听要付出更多的关注与努力，信息接收者需要高度地集中在谈话内容上、要快速的搜集各类信息，进行信息加工处理。不仅涉及信息感知、解析和回馈的过程，中间阶段还会加强复述的作用，对谈话内容准确性进行监控，能够在一定程度上强化“回馈”的动作。

3. 有效倾听的原则

（1）“主动”原则。

主动是表示主观上的一种态度，它决定着倾诉者是否会进一步进行交流，甚至是何种程度的交流，倾听者的态度会直接影响到倾诉者的谈话欲望，如果主观上感到倾听者不想听其说话，或者持一种敷衍的态度，倾诉者会出现消极应对或中断谈话的反应，因此，倾听者要展现出主动倾听的态度。

（2）“用心”原则。

当我们用心仔细地去听别人的讲话内容，你不仅要通过耳朵去听，而且会用眼睛去看，把看到的讲话者的非言语信息，如肢体、表情的言语等作为耳朵信息的补充，使你掌握的信息更加全面且真实性更高。在搜集完整信息的基础上，就能积极加入到双方的对话中，对于某些关键问题进行交流，沟通的双方都能够感到彼此之间的对话的态度，从而能够进一步、深入地沟通。

（3）“移情”原则。

移情的关键在于倾听者应该主动理解谈话者的意图，了解其中的含义，清楚明白谈话的主导在于他人，而不是只想自己。特别是在跨文化沟通时，好的倾听者更应该站在他人文化背景下来倾听、理解。

（4）“客观”原则。

有效的倾听需要把握谈话信息的客观性，不能加入自己过多的主观情绪色彩，本着以解决问题为导向。

（5）“完整”原则。

有效的倾听存在完整的过程，即信息感知、解析和回馈的过程，在这个“回路”中，既要注重信息的完整性，也就是说对言语信息和非言语信息的整合感知，发掘信息背后的含义，同时也要注意进行信息的反馈。

4. 有效倾听的技巧

（1）选择适宜的环境。

同样的谈话可能在不同的情景或环境中进行，谈话的深度和信息传递会表现出不同，如果谈话的场景不利于沟通，那么倾听者应试图主动去换个环境，选择相对安静、人少一点或无关人物少一点的地方。

（2）态度真诚。

客舱乘务员在与旅客对话时是对待旅客的谈话一定表现真诚的，而不是比较敷衍的态度。首先，应该从语言信号上给予反馈。可能这个时候能表达出来的只是只言片语，或是简短的几个字，也能让讲话者接收到你在关注他的信号；其次，非言语信号的传递。如与说话人的目光的对视，在倾听别人的说话内容时，切记不要同时做其他无关的事情，要注意目光的交流，但应注意这种目光交流绝不是"直视""盯"对方，而是和谈话内容结合的恰当的目光对视。

（3）寻找兴趣点。

客舱服务过程中的人际沟通,不等同于日常生活场景中的人际交往，客舱乘务员与旅客相互之间在进入客舱之前并没有直接接触，因此主要是围绕"服务"展开的。这里的兴趣点主要指的是旅客的"兴趣点"，关键点在于应该注意旅客说话的中心，他想表达的主题，而不是作为客舱乘务员你想表达的或你接下来想说的内容。

（4）认真倾听。

一个好的倾听者，应该有意识、主动地去倾听整个谈话内容，而不是去打断别人的谈话。好的倾听者不仅要听自己喜欢的信息，也要听不喜欢的信息，应注意把别人的话听完以后再作反应。

（5）复述信息。

倾听者要复述你听到的谈话信息，主要保证信息传递的正确性以及倾听者理解的精确性，同时，留一定空间，给倾诉者一个解释的机会。

（6）产生共情。

共情是指能够设身处地、换位思考地体验倾诉者的处境，站在他人的立场来理解他人的体验、感受及情绪等能力。好的倾听者设身处地地站在别人的位置或角色去看待问题，注意聆听，让说话者把情绪释放出来，让其感受到被倾听、被接纳和被理解，通过行为表现出共情，从而起到让说话者情绪平稳的作用。

（7）及时反馈。

反馈的方式有很多，言语表达、面部表情及身体姿态等都可以传递反馈信息。比如用语言“对”“是”“嗯”等简单而正向的词汇，用面部表情，如微笑，或者肢体语言，如点头等种种方面给倾诉者传达反馈信息，同时表达出你的倾听程度。

（8）良好的精神状态。

积极的倾听，需要身体各方面的一个准备状态，倾听是一项最综合性的活动，需要个体肌体、情感、脑力的配合。当个体的情绪状态很差时，会表现出烦躁、不耐心等。这样去倾听实际上是无效倾听，也解决不了问题。

（9）适当地保持沉默。

人们出现“沉默”行为时，一般会被看作是“不想理会”“受倾述者话语打动而产生共情”，因此在倾听的过程中如何表现沉默也很重要。沉默能够使沟通双方的紧张情绪得以缓解，如果沟通双方情绪较为激动，倾听的一方能够采取适当沉默的战术，以免冲突的加剧，同时沉默也能使双方有缓解情绪的空间，控制自己不要语出伤人，让事态变得无可挽回。当然，适当沉默有益于沟通，但过度沉默也会带来消极影响，因此把握其中的“适当性”尤为重要。

（10）有效提问。

倾听者的有效提问是有效倾听的重要方式，通过有针对性问题的提出，能够更有效的获得谈话信息。我们应该将不同的问题放在不同的情境中去理解，即要根据具体情况具体地使用提问方式，比如何时应该使用开放式的提问，何时应该使用重复式的提问等等。当然，有效提问不能忽视重要问题和次要问题，一定首先抓住谈话的核心信息进行提问，不能偏离谈话的重心。

5. 客舱服务中能运用的有效倾听技巧

（1）关注客舱服务中的有效倾听的技巧。

客舱服务中的有效倾听的技巧主要表现为客舱乘务员作为倾听的一方，你对倾听到的信息中的言语信息准确度的判断、对倾诉者非言语信号的敏感度以及自身非言语信号的控制力。客舱服务中的倾听更可能从非言语信号中获得更有价值的信息，这包括了客舱乘务员自己和倾诉者两个个体。

① 客舱乘务员的非言语行为应具备适当性。

客舱乘务员在与旅客进行沟通时，应该让自己处于一种投入的姿势，也就说“体态语”。应注意身体姿态、手势和面部表情，面对旅客，双肩摆正，身体稍微前倾，做出倾听的姿势，而不要将头转向另外一侧，或者分心于其他的事物，根据讲话者的内容，应给予旅客目光接触和适当的反应，如图 5.3 所示。

图 5.3 与旅客沟通时的姿势

② 客舱乘务员应观察旅客的非言语行为。

非言语行为的表现是多种多样的，除了“体态语”，还表现在说话人的语调、声音大小、尖锐程度及语速变化上。客舱乘务员应该具备辨别这些非言语行为的基本呢能力，比如说面部的表情的识别，旅客这个时候是开心、愤怒还是焦虑的，人的面部表情所展现出的基本情绪是具有普遍性的，在一定程度上不受文化差异影响，能够迅速地被识别。又比如说语调，是震惊、愤怒还是为难，也是能够有基本的感知的。因此，客舱乘务员在观察旅客的非言语行为时，可以根据旅客当时的心境，进行沟通策略调整。

（2）跟进客舱服务中的有效倾听的技巧。

跟进客舱服务中的有效倾听的技巧的关键在于服务言语的使用和适当的沉默二者之间的把握。

① 启发旅客“多说话”。

客舱乘务员应当表现出愿意听旅客说话的姿态，包括言语的和非言语的行为，表示自己的理解，让旅客能够将话或意见表达出来，而不是将不满或愤怒放在心里事后再向有关部门反映或投诉，应该在当下及时沟通并解决。

② 适当提问。

客舱乘务员的提问，应注意要精简但精确。恰当的提问有助于双方的沟通，应注意围绕交流的主题，不要偏题和莫名地打断旅客的谈话，提问的方式应多用开放式的提问方式，才能了解旅客心之所想。

③ 必要时保持沉默。

谈话的节奏在沟通中也显得尤为重要，沉默在一定程度上能够调节谈话的节奏，也就是说客舱乘务员作为倾听者而言，应该让旅客有足够说的空间。

（3）客舱服务中反馈的技巧。

人际沟通闭环中不可缺少的一环，客舱乘务员与乘客沟通，必须要有有效的反馈。

特别注意要适时、适当的反馈，也就说需要及时、实时地反馈，保证对信息反馈的有效性，也要客观地反馈，不要带有主观色彩，个人价值评价，就事论事地反馈。

二、人际沟通的技巧之二——口头沟通的技巧

说话是我们常见的一种口头沟通的方式，凭借口头言语来传递信息、交流思想和表达情感的过程，主要包括说话和交谈两种类型。说话与交谈体现了出说话者的智慧和情商，“说什么”“怎么说”会带给旅客完全

不同的心理感受，不周到的言语可能导致比较严重的客舱冲突，因此，口头沟通技巧在客舱服务中占有一席之地，是作为客舱乘务员应具备的基本职业能力，同时也是航空公司应培训的内容之一。

1. 说话技巧

（1）说话内容要清晰、周到。

客舱乘务员在与旅客沟通之前，应该对沟通的内容有逻辑性地思考，这样可以减少说话内容的失误，以免导致旅客错误的感知，因此，在倾听过后，应该整理思路，把握重点，然后再沟通。

（2）说话内容要以事实为依据。

说话的内容一定具有真实性，不能不懂装懂的敷衍旅客，或者为了一味地“讨好”旅客，而不按遵守乘务员职责行事，反而造成旅客的不信任感，中断沟通。如果在客舱服务过程中遇到解决不了的问题，可以请示乘务长或区域乘务长，让更权威的人来进行解释，保证信息的准确性。

（3）避开敏感性问题。

这里的敏感性问题是指导致旅客不满情绪的问题，在说话时，尽量想办法另辟蹊径，从另外的侧面解决，尽可能地满足旅客需要，不要直接给予“否认性”的回答。

（4）注意说话的得体性。

注意说话的得体性实际上是注意使用语言的分寸，主要体现在以下几个方面：一是应注意说话的情境性。在不同的场合，应使用不同的言语，不是开玩笑的情境，切记不能展示你的幽默，会让别人认为你重视他的意见；二是应注意说话的对象。不同的个体，在受教育程度、社会地位、知识经验、个人修养、个性心理特征上存在很大的差异性，对于相同的语言，会有不同的理解、感受及相应的行为反应；三是应注意说话时的语气。尽管各大航空公司对客舱乘务员的服务语言都有自己的一套标准，比如说，当旅客提出“乘务员，麻烦来一杯咖啡”，乘务员一般回答是“好的，马上”，但是如果乘务员的语气表现出来的是负面情绪，这时候旅客能听出乘务员语气中的不满、不耐烦，旅客对这样的服务行为是不满意的；四是应注意说话的文明。客舱乘务员在与旅客说话时，要注意服务细节，不管旅客的社会地位，旅客的穿着如何，都应该多使用尊称，比如说“您……”，而且最好带上称谓，如“请问……”，还有文明礼貌用语，如“谢谢您……”等。

2. 交谈技巧

（1）交谈动机明确。

人的动机是具有指向性特征的。只有明确了谈话的动机，才能使交谈行为持续下去，与旅客交谈，首先了解需要解决的问题，所有行为围着这个问题而展开，具有针对性地解决问题。

（2）交谈使用语言应通俗化。

交谈使用语言应通俗化，主要从两个方面讲。一是从旅客使用的语言来看，旅客是来自于国内、国外的各个区域，每个区域都有自己的当地语言，客舱乘务员与之谈话时可以使用当地语言，这一点很多公司选乘时就考虑了地域性特点，提供了一些条件；二是从乘务员专业用语来看，如果解释时太过执着于专业用词，会导致交流障碍，应尽量使用大家能听懂、能理解的用语。

（3）交谈要注意互动性。

交流具有双边性，需要客舱乘务员和旅客的共同参与。在客舱服务过程中，客舱乘务员最怕的就是旅客不开口表达，心中对服务不满，但是却不想说出来，因此，交谈需要一方的反馈，这样才能和旅客进行对话，了解旅客的想法。

第六章　民航客舱服务管理与提升

第一节　影响客舱服务的因素

一、管理体制原因

民航总局对客舱服务有严格的标准，客观上造成了各公司在服务质量的管理中必须采用“符合性质量”模式，使航空公司的服务标准停留在“达标”的理念层面上，较少去研究客户需要。结果导致了国内航空公司的服务同质化现象非常严重，各公司之间的服务几乎没有分别。

二、航班不正常产生的服务质量问题

在客舱服务中我们会遇到各种各样的问题，乘机旅客会需要各种各样的特殊服务，尤其是由于不可抗拒的天气、流量控制、机械故障、航空管制等原因造成航班延误时，旅客极易产生急躁情绪，感情冲动，做出一些出格的事情。这时就需要乘务员具有良好的涵养性，充分理解对方的心情，豁达、大度、宽容，谅解旅客的一时冲动，换位思考，宽以待人，严于律己。

三、乘务人员的素质和服务意识

空中乘务员是服务的直接提供者，其服务意识、敬业精神、服务技巧以及综合素质决定着客舱服务质量。除了服务内容与细节之外，旅客对空乘人员的服务态度与意识有着很敏感的反应。而良好的服务态度和意识，取决于乘务人员的综合素质与意志品质。乘务人员除了应具备良好的外在条件以外，其综合素质更为重要。另外，空中乘务工作具有很强的技术性，乘务人员需要接受良好的培训与技能训练。

完美的服务体现于服务的全程，而服务的失误往往出现在一瞬间。因此，服务过程必须精细而持久，全面展现良好的职业修养与职业训练。微笑、沟通、礼貌、询问以及各服务环节的基本服务技能可以全面展示乘务人员的服务能力与服务状态。客舱服务质量优劣与空中乘务员素质的高低紧密相关。一个合格的空中乘务员应该具备良好的综合素质，程序化服务主要着眼于乘客的共性要求，而个性化、人性化服务是在程序化服务的基础上加以延伸，更加细化、具体，更贴近旅客的要求，更能体现服务质量。提高客舱服务质量必须首先提高乘务员的综合素质和乘务人员的整体素质，而核心是强化个性化服务，引入人性化服务的理念，这是最高层次、最高境界的服务（见表 6.1）。

表 6.1 客舱服务质量排名[①]

排名	所占百分比	客舱服务类型	排名	所占百分比	客舱服务类型
1	12.1%	飞机正点情况	12	3.42%	阅读资料配备
2	8.0%	乘务员服务	13	3.24%	客舱娱乐设施
3	7.78%	客舱安全	14	2.89%	客舱设备完好情况
4	7.38%	航班不正常时服务	15	2.81%	航班配备的酒水饮料品种
5	7.19%	客舱清洁程度	16	2.76%	呼叫乘务员的回应速度
6	6.64%	航班配餐质量	17	2.55%	乘务员的巡视次数及质量
7	6.37%	座位舒适程度	18	2.42%	登机速度
8	5.23%	乘务员精神面貌	19	2.2%	乘务员的广播
9	4.43%	起飞降落感受	20	1.73%	机长的广播
10	4.22%	卫生间清洁情况	21	1.73%	紧急事态的演示和帮助
11	3.66%	飞行状况通报	22	1.25%	乘务员的性别

① 表中资料来源于民航资源网。

第二节　客舱服务管理

一、机上供应品管理

1. 目　的

为了防止流失和不正常损耗，规范乘务员对机上供应品回收操作流程是客舱管理的一项重要内容。

2. 工作流程

① 按照机供品配备单，将每个执行航班的供应品的数量与机供品配备单核对，确保准确无误。

② 供应品装配上机，厨房乘务员分舱位与航机员共同确认供应品车、储物箱锁扣已锁好，确认锁好与填写在供应品配备单左上角的锁封号一致，航机员在供应品配备单上签字交接。

③ 机供品配备回收单一式四联，分为白色（存根联）、红色（付款联）、蓝色（核算联）、黄色（回收联）。航机员保留机供品配备单、红色及白色两联，乘务组保留机供品的黄色和蓝色两联。

④ 各舱位的厨房乘务员及时将需要回收的零散酒类、饮料及干果类机供品全部放入餐车，并用一次性锁扣锁封。

⑤ 未开封的整件饮料、小吃可以放置在餐车外。

⑥ 若餐车的储物空间不够，可以用中号塑料袋装好，用一次性锁扣锁定。

⑦ 已开封的饮料、干果直接报废，不得装入回收供应品车。

⑧ 客舱服务用品要求与航机员当面交接，不装入回收供应品车。

⑨ 前舱、中舱的乘务员将锁扣号和未装入车的整件供应品品名、数量报告给后厨房乘务员。后厨房乘务员在供应品配备单背面填写未装车

的整件供应品的品名和数量。在供应品配备单正面右下角空白处填写锁扣号，乘务长确认后签名。后厨房乘务员将供应品配备单蓝色联锁在车内，黄色联交给当班乘务长，由乘务长交给航机员。

⑩ 航机员依据供应品配备单黄联，核对一次锁扣号、整件外放供应品，确保一致，并核对乘务长的签名。若有不一致的情况，需要更改供应品配备单时，需由乘务长核实并签字确认。如果没有问题，航机员在配备单上签字接受。并将黄联随回收供应品交给客舱部回收。

二、舱内人员管理

舱内的人员管理，主要是指在正常情况和非正常情况下，乘务长和乘务员对客舱内的乘客的管理，以及乘务长对乘务员的管理。对乘客的管理部分的内容，主要针对以当发生率较高的航班延误及旅客投诉的两种情况为例进行分析和讲解。

1. 乘客管理

（1）非法干扰行为。

① 定义。

非法干扰行为是指违反有关航空安全规定，危害或足以危害民用航空器飞行安全或秩序，危及乘客、机组人员生命和财产安全的行为。

② 非法干扰行为类别。

a. 严重非法干扰行为：根据《东京公约》《海牙公约》《蒙特利尔公约》《蒙特利尔议定书》规定：触犯刑律的犯罪行为（恐怖主义罪行）；实施或企图实施劫持、炸航空器；袭击、炸机场等行为。

b. 一般非法干扰行为：包括可能危及飞行安全的行为，如当面威胁或电话威胁炸机、未经许可进入驾驶舱、违反安全规定不听劝阻、在客舱卫生间吸烟、殴打机组或威胁伤害他人、未经允许使用电子设备、违反规定开启机上应急救生设备等。

③ 非法干扰的处置原则。

a. 确保人、机安全，争取飞行正常。

b. 确定性质，区别处置。

c. 及时控制事态，防止矛盾激化。

d. 教育与处罚相结合。

e. 机上控制，机下处置。

（2）常见非法干扰行为处置。

① 航班延误。

航班的延误和取消是由于各种各样的原因所导致的，包括航空公司自身原因如飞机机械故障、空勤人员、公司计划，以及天气、突发事件、空中交通管制、安检以及旅客自身等原因。

在航班被延误后，随着延误的时间慢慢延长，旅客情绪也逐渐从焦虑转变为愤怒。“天气原因还可以理解，但是我们怀疑航空公司没有给我们提供真实的信息。”这是许多旅客在遭遇航班延误时经常抱怨的。在这样的质疑下，如果乘务员的态度冷漠，没有任何客舱广播，也没有任何服务补救措施来延迟旅客的焦虑措施,那么就会引发旅客不理智的行为，甚至出现一些严重影响飞行安全的事故。

如何管理不正常航班可能会导致的不良后果，乘务员应该采取以下相应的措施加以应对：

第一，对延误的实际原因及时、真实地通过客舱广播在第一时间告知旅客，让旅客清楚地了解当前信息。

第二，转移旅客的注意力。通过增加客舱服务，如发放报纸杂志、播放旅客感兴趣的娱乐节目、提供饮料等服务来延迟旅客在“无所事事”的等待中“度日如年”的感觉。

第三，注意有情绪化“症状”的旅客，如不停按呼唤铃询问原因的、在客舱大声表达不满的旅客，这些旅客都可能会引发“羊群效应”。

② 投诉的旅客。

在客舱服务过程中，往往会有投诉的旅客，各个航空公司对投诉旅客的处理都非常谨慎，往往会有相应的调查来还原事件的真相，并以此将投诉区分确定为有效投诉和无效投诉。根据民航局最新的文件要求，只有关系到“安全”因素的相关投诉才被认定为是有效投诉。话虽如此，然而从另外一个角度考虑，航空公司为了争取更多的常旅客，通过旅客投诉来了解客舱服务工作中的不足，也是提升客舱服务质量的有效途径。

如何处理投诉的旅客也是客舱服务中重要的工作之一。根据不同的类型的投诉旅客，处理原则有以下几点：

第一，尽可能将这名旅客与其他旅客隔离开，然后耐心倾听该旅客的抱怨，不要急于解释。通常旅客在刚开始抱怨的时候会有些情绪化，如果乘务员没有听完他的抱怨就进行解释,可能会引发旅客愤怒的情绪，感觉乘务员在强词狡辩。

第二，安抚旅客情绪，对旅客所遭遇的事情表示同情和歉意，在旅客情绪相对稳定后听取他们的建议与要求，然后采取补救措施。

第三，若遇到无理取闹的旅客，在不得已的情况下应该用法律作为底线来解决问题。

③ 醉酒的旅客。

对醉酒旅客的处置程序，应该根据飞行任务所处的不同阶段来进行处置。如乘客在登机时显示醉态或者麻醉品作用影响下，干扰了机组工作，危及乘客、机组人员的安全，应通知机长和地面值班人员。地面值班人员或机长应当协作并把握事态，采用任何认为必要的措施，包括劝其下机。如果发生在飞机推出之后，通知机长，并由机长来决定是否滑回、劝其下机。如果飞机返回登机口，通知地面执勤人员处理该旅客下机后的相关事宜。需开门时，执行舱门再次开启程序。乘务员在处置过程中，用礼貌而坚决的态度处理，并特别注意避免身体冲突。主任乘务长要在机长的指示下采取措施，记录事件全过程，采集证据并将此事件报告机长。飞机达到目的地后，客舱乘务员应向公安人员或其他官员讲明该乘客的情况，如有需要，提供相关证据材料。主任乘务长/乘务长应及时填写“机上紧急事件报告单”，并报请机长签字。

2. 乘务员管理

（1）客舱乘务员健康管理。

① 客舱乘务员必须对自己的健康负责，对航空人员体检合格证的有效性负责

② 客舱乘务员的体检要求：每 12 个月必须在局方认可的体检机构完成体检。

③ 客舱乘务员在计划飞行的 12 小时内，不得饮用含酒精的饮料，客舱乘务员受酒精的影响或体内酒精浓度达 0.04 以上时，不得上岗执勤或继续留在岗位上。

④ 客舱乘务员在执勤过程中，不得饮用含酒精的饮料。

⑤ 客舱乘务员不得使用或携带大麻、可卡因、鸦片等禁用药物。

⑥ 禁止客舱乘务员使用影响执行飞行任务能力的药物，因许多常用药物会影响飞行能力，客舱乘务员应该询问航医所开任何药物是否会有这些作用。

（2）乘务长对乘务员的工作管理。

乘务长作为客舱工作的总指挥，承担着管理客舱方方面面的主要职能，包括：对客舱中的工作进行合理的分工、激励乘务员以提高乘务组团队协作效能、监督乘务员的工作职能、并以身作则，坚持公平、公正的原则来处理乘务员在飞行过程中出现的过失等。

合理地协调客舱中的各种关系，直接关系着客舱服务的质量和飞行中的客舱安全，尤其是在紧急情况下，沉着、冷静地处理各种突发事件，是乘务长保证航班安全生产的职责，也是一名优秀乘务长必须具备的职业素养。乘务长对客舱的管理工作的关键在于对乘务组的成员的管理，大体应把握以下几点：

① 坚持安全为主，兼顾服务的管理原则。

从政策方针的掌握、乘务组内的分工、客舱工作的开展来说，乘务长都是客舱最高总负责人。要处理好突发情况下安全与服务之间的矛盾，乘务长决定用什么样的处理方式很重要。乘务员在客舱中如何处理安全和服务之间的矛盾是经乘务长授权的，或在运行手册的职责范围内进行

的。在协调矛盾的过程中中，乘务长既要考虑处置的方式方法是否符合有关规定的要求，又要考虑当时的具体情况，力争在不违反原则的情况下妥善处理问题，从而确保整个航班的安全、正常，最大限度地减少旅客的不满。

② 加强乘务组成员的之间的沟通，提高工作效能。

乘务长不仅是客舱的指挥棒，也是乘务组成员间能够正确沟通和共同协作的重要纽带。由于乘务工作的特殊性，每次执行飞行任务的乘务组成员之间并不熟悉，虽然乘务员们能够按照分配的号位来完成相应负责区域的工作，但很多时候团队之间的沟通与配合在客舱工作中发挥着更加重要的作用,乘务长可以在很多环节中加强和促进这样的纽带功能。另外，乘务长除了实时地掌握客舱内的工作进程和乘务员工作情况，有时还需要做出一些前瞻性的协调，让乘务组成员之间的配合更高效。这对乘务长工作提出了更高的要求，需要具备超前的思维能力，审时度势，多谋善断，并善于抓住机会的管理能力。

③ 坚持以身作则，坚持公平、公正的原则。

乘务工作相比其他类型的工作而言，有着很多特殊性，例如，工作时间长且作息时间不规律，工作内容相对枯燥，从业人员普遍年轻等问题。由于这些因素的影响，乘务员们常常在飞行过程中出现这样或那样的过失，例如，遭到旅客投诉、工作过程中偷懒、起降不系安全带、与同事发生矛盾等问题。乘务长应该如何正确而合理地处理乘务员在工作中的这些过失，并保证客舱工作的正常秩序不受影响呢？乘务长必须以身作则，树立良好的榜样，在处理乘务员过失问题时，应及时了解事发经过，迅速对事件的性质、影响等方面作出迅速的判断，尽量在不影响客舱工作的前提下做到相对公平、公正的处理。

参考资料

[1] 中国国际航空有限公司初始乘务员培训手册.
[2] 四川航空股份有限公司初始乘务员培训手册.
[3] 中国航空运输协会团体标准 T/CATAGS 23—2021 民航客舱乘务员职业形象规范.
[4] 客舱乘务员的资格和训练 AC-121-27-R3